Matthias Blumenfeld
Antonius Steinkamp

Pascal Tools

Strukturierte Programmierung
mit Beispielen zur Textverarbeitung

Programmiersprachen

Einführung in die Programmiersprache Ada, von M. Nagl

Einführung in ALGOL 68, von H. Feldmann

Einführung in die Programmiersprache BASIC,
von W.-D. Schwill und R. Weibezahn

BASIC in der medizinischen Statistik, von H. Ackermann

Einführung in die Programmiersprache COBOL,
von W.-M. Kähler

Einführung in die Programmiersprache FORTRAN 77,
von G. Lamprecht

FORTRAN-TRAINER, von H. Kohler

Einführung in die Programmiersprache PASCAL,
von K.-H. Becker und G. Lamprecht

Pascal Tools,
von M. Blumenfeld und A. Steinkamp

PEARL, Process and Experiment Automation Realtime Language,
von W. Werum und H. Windauer

Einführung in die Programmiersprache PL/I,
von H. Kamp und H. Pudlatz

Einführung in die Programmiersprache SIMULA,
von G. Lamprecht

Einführung in das Datenanalysesystem SPSS,
von W.-M. Kähler

GLIM,
von H.-J. Andreß

Vieweg

Matthias Blumenfeld
Antonius Steinkamp

Pascal Tools

Strukturierte Programmierung mit Beispielen zur Textverarbeitung

Springer Fachmedien Wiesbaden GmbH

CIP-Kurztitelaufnahme der Deutschen Bibliothek

Blumenfeld, Matthias:
Pascal-Tools: strukturierte Programmierung mit Beispielen zur Textverarbeitung / Matthias Blumenfeld; Antonius Steinkamp. – Braunschweig; Wiesbaden: Vieweg, 1986.

NE: Steinkamp, Antonius:

Das in diesem Buch enthaltene Programm-Material ist mit keiner Verpflichtung oder Garantie irgendeiner Art verbunden. Die Autoren und der Verlag übernehmen infolgedessen keine Verantwortung und werden keine daraus folgende oder sonstige Haftung übernehmen, die auf irgendeine Art aus der Benutzung dieses Programm-Materials oder Teilen davon entsteht.

1986

Ursprünglich erschienen bei Friedr. Vieweg & Sohn Verlagsgesellschaft mbH, Braunschweig 1986.

Umschlaggestaltung: Peter Lenz, Wiesbaden

ISBN 978-3-528-04453-4 ISBN 978-3-663-13993-5 (eBook)
DOI 10.1007/978-3-663-13993-5

Vorwort

Warum noch ein Pascal-Buch?

So werden wir stets gefragt, wenn wir von unserem Buchprojekt erzählen. Die Antwort ist recht einfach: Weil es ein solches Pascal-Buch noch nicht gibt! Es soll

- sich *nicht* an Programmieranfänger wenden, sondern an Leser, die schon etwas Erfahrung mit BASIC oder Pascal haben;
- sich *nicht* auf kleine Beispielprogramme beschränken, sondern auch größere mit mehr als zehn Seiten behandeln;
- sich auf *einen* Themenkreis konzentrieren, die *Textverarbeitung;*
- vor allem Themen wie *strukturierte Programmierung, Modularisierung* und *Software Tools* behandeln
- und schließlich die erarbeiteten Programme auf *Diskette* zugänglich machen.

Wie entstand dieses Buch?

Der erste Verfasser (M. B.) hat in den Jahren 1977 bis 1985 mehrfach die Zyklen Programmieren I, II und III an der Freien Universität gehalten und der zweite (A. S.) war als Tutor mit dabei. So entstand im Laufe der Zeit ein reicher Schatz an Beispielprogrammen, den es zu heben galt.

Unsere Sichtweise ist stark beeinflußt worden von den Büchern "Software Tools" und "Software Tools in Pascal" von Kernighan und Plauger aus den Jahren 1976 und 1981. Der einleitende Satz dieser Bücher:

"This book teaches how to write good programs that are good tools."

ist daher auch ein passendes Motto für unser Buch.

Was sind Tools?

Kernighan und Plauger verstehen darunter Programmteile, die eine allgemeine Aufgabe erfüllen und die man daher einmal definiert und dann universell einsetzt – anstatt für jeden Spezialfall ein passendes Programmstück zu entwerfen.

Diese Zielsetzung stand übrigens am Anfang des UNIX-Projektes, und die Routinen des "Software Tools"-Buches entsprechen zum guten Teil den unter UNIX in der Sprache C realisierten Routinen.

Wir gehen jedoch wesentlich über den von Kernighan und Plauger gesteckten Rahmen hinaus: Sie definieren z. B. an vielen Stellen des Buches Felder, Listen oder Bäume, um Zeichenketten oder andere Objekte ordnend einzufügen, ohne auf deren gemeinsame Aufgabenstellung einzugehen.

Unser Ziel ist es, auch für derartige Situationen Werkzeuge anzubieten. Diese bestehen häufig aus mehreren Routinen, die auf einer dem Benutzer möglicherweise unbekannten Datenstruktur operieren. So etwas nennt man in der Informatik "abstrakte Datenstrukturen", und man realisiert sie durch sogenannte *Moduln*. Leider steht dieses Sprachmittel erst in den Sprachen Modula-2 und ADA zur Verfügung und muß in Pascal simuliert werden.

Außerdem fühlen wir uns der Idee der *Strukturierten Programmierung* verpflichtet, d. h. wir schreiben größere Programme in Ebenen, in denen die oberen auf den Befehlsvorrat der unteren zurückgreifen. Ein gutes Beispiel dafür ist das Inventarisierungsprogramm aus Abschnitt 10.4, Seite 127

```
            Lagerhaltung
                 |
Ebene 3:    Dict-Modul
                 |
Ebene 2:    Item-Modul
                 |
Ebene 1:    String-Modul
```

Wie ist das Buch aufgebaut?

Kapitel 1 behandelt die *Standard-Datentypen* integer, real, boolean und char und die dazugehörigen Operatoren und Standardfunktionen.

Kapitel 2 führt *einfache Kontrollstrukturen* ein, wie die WHILE-Schleife und die IF-Anweisung, und erklärt das Konzept der Text-Dateien in Pascal.

Kapitel 3 diskutiert, wie man *strukturiert programmiert*, insbesondere die GOTO-Problematik und die Methodik der Schrittweisen Verfeinerung.

Kapitel 4 hat *selbstdefinierte Datentypen* zum Inhalt: Aufzähltypen, Unterbereichstypen und Felder.

Kapitel 5 führt weitere Kontrollstrukturen ein, wie die FOR-Schleife, die REPEAT-Schleife und die CASE-Anweisung.

Kapitel 6 behandelt *selbstdefinierte Funktionen und Prozeduren* mit einfachen (Wert-) Parametern und diskutiert *rekursive Routinen.*

Kapitel 7 ist das erste der *thematischen* Kapitel: Es vergleicht drei *Sortierroutinen.*

Kapitel 8 führt *weitere Datentypen* ein, wie den RECORD und Mengen. Bis auf die dynamischen Datenstrukturen (Kapitel 11) sind damit alle Elemente von Pascal eingeführt. Die letzten sechs Kapitel sind wieder *thematisch:* Sie beschäftigen sich mit der Modularisierung von

- Lagerhaltung
- Worthäufigkeit
- Cross-Referenz-Liste
- Text-Formatierung
- Programm-Formatierung und
- Makro-Substitution.

Kapitel 9 diskutiert das Konzept der *Modularisierung* und definiert Schnittstellen für Str(ing)-, Item- und Dict(ionary)-Moduln.

Kapitel 10 liefert eine *erste Realisierung der Moduln* mit Hilfe von Feldern.

Kapitel 11 führt *dynamische Datenstrukturen* ein, wie Listen, Binärbäume und B-Bäume und diskutiert ihre Vor- und Nachteile.

Kapitel 12 behandelt *Strings: Realisierungen und Anwendungen.*

Kapitel 13 beschäftigt sich mit den verschiedenen Formen der *Formatierung:* Seitenumbruch, Zeilenumbruch und das Formatieren von Pascal-Programmen.

Kapitel 14, das letzte Kapitel, ist dem Pascal-*Präprozessor* gewidmet, mit dem es gelingt, in Standard-Pascal modular zu programmieren.

Was befindet sich auf den Disketten?

Die Disketten enthalten in Quellformat die Programme des Buches und darüber hinaus auch noch *alle* Lösungen der Aufgaben. Sie sind in zwei Diskettenformaten erhältlich:

1. für TURBO-Pascal im IBM-PC (360 KB) Diskettenformat und
2. für TURBO-Pascal für CP/M im Apple-Diskettenformat.

Nun bleibt noch allen zu danken, die bei der Entstehung des Buches geholfen haben: Matthias Bergk, Kilian Golm, Christian Penzlin, Arnold Kühnel, Johannes Seib, Klaus Thull, um einige zu nennen, denen wir Anregungen und Hilfe beim Kontrollesen zu verdanken haben – und, nicht zu vergessen, der TEX- und LATEX-Formatiersoftware, siehe [Knuth-84] und [Lamport86], auf einem Rechner des Fachbereichs Mathematik der Freien Universität Berlin.

Berlin, Juni 1986

Matthias Blumenfeld
Antonius Steinkamp

Inhaltsverzeichnis

1 Einfache Programme mit Standard-Datentypen 1
1.1 Ein erstes Pascal-Programm 1
1.2 Bezeichner 3
1.3 Standard-Datentypen und ihre Werte 5
1.4 Arithmetische Operatoren und Standardfunktionen 8
1.5 Der Aufbau eines Programms 11

2 Einfache Kontrollstrukturen 15
2.1 IF-Anweisung und WHILE-Schleife 15
2.2 Die Ein- und Ausgabe von Zeichen 18
2.3 Logische Ausdrücke 20
2.4 Einlesen von Text-Dateien 23
2.5 Ausgabe auf Text-Dateien 25

3 Strukturierte Programmierung 30
3.1 Programmierstil 31
3.1.1 Kommentare 32
3.1.2 Die äußere Form des Programms 33
3.2 Die GOTO-Anweisung und ihre Verwendung 36
3.3 Parameterlose Prozeduren 41
3.4 Systematisches Programmieren 42

4 Selbstdefinierte Datentypen 49
4.1 Konstanten 49
4.2 Einfache Datentypen 52
4.2.1 Aufzähltypen 53
4.2.2 Unterbereichstypen 54
4.3 Der ARRAY-Datentyp 56
4.4 Strings in Pascal 60

5 Weitere Kontrollstrukturen 63
5.1 Die FOR-Schleife 63
5.2 Die REPEAT-Schleife 67
5.3 Die CASE-Anweisung 68

6 Selbstdefinierte Funktionen und Prozeduren 72
6.1 Einfache Funktionen 72
6.2 Der Gültigkeitsbereich von Variablen 73

6.3 Rekursion 75
6.4 Ein Backtrack-Algorithmus für das Acht-Damen-Problem 79
6.5 Variablen-Parameter 83

7 Sortierverfahren 89
7.1 Eine Testumgebung für Sortierverfahren 89
7.2 InsertionSort 91
7.3 ShellSort 92
7.4 QuickSort 93
7.5 Ein Vergleich der Sortierverfahren 94

8 Weitere strukturierte Datentypen 95
8.1 RECORD-Typen 95
8.2 Die WITH-Anweisung 97
8.3 Mengen 98

9 Modularisierung 102
9.1 Vier Aufgaben und ihre Gemeinsamkeiten 102
9.2 Die Schnittstelle des Item-Moduls 105
9.3 Die Schnittstelle des Dict-Moduls 107
9.4 Die Problematik von Strings in Pascal 110
9.5 Die Schnittstelle des Str-Moduls 112
9.6 Drei String-Hilfsroutinen 114

10 Erste Realisierung der Moduln 117
10.1 Eine erste Realisierung des Str-Moduls 117
10.2 Ein Item-Modul für die Lagerhaltung 121
10.3 Eine erste Realisierung des Dict-Moduls 123
10.4 Das komplette Lagerhaltungsprogramm 127

11 Dynamische Datenstrukturen 129
11.1 Dynamische Variable 129
11.2 Verkettete Listen 131
11.3 Binärbäume 135
11.4 B-Bäume 139
11.5 Vergleich der Dict-Module 145

12 Strings: Realisierungen und Anwendungen 146
12.1 Strings als Zeichenlisten 146
12.2 Eine Kachelverarbeitung für Strings 151
12.3 Vergleich der String-Implementationen 156
12.4 Weitere Hilfsroutinen für Strings 157
12.5 Lexikalische Analyse für Pascal 161
12.6 Die Cross-Referenz Aufgabe 165

13 Formatierung 169
13.1 Eine Schnittstelle zum Filesystem 170
13.2 Seitenumbruch mit PagePrint 172
13.3 Zeilenumbruch mit Format 175
13.4 Formatierung eines Pascal-Programms 183

14 Ein Pascal-Präprozessor 190
14.1 Das Definieren von Makros 191
14.2 Makros mit Argumenten 194
14.3 Definition von Kommandos 197
14.4 Das Einfügen von Dateien oder Moduln 200
14.5 Weitere Kommandos 205
14.6 Nachwort 209

Bibliographie 212

Anhang L Lösungen zu ausgewählten Aufgaben 214

Anhang S Schwächen von (Standard-)Pascal 219

Index 222

Kapitel 1

Einfache Programme mit Standard-Datentypen

Im ersten Kapitel werden einige grundlegende Sprachelemente von Pascal vorgestellt: *Variable*, *Typ*, *Zuweisung*, *Vereinbarung* und anderes mehr.

Wer schon etwas Pascal gelernt hat, möge es als Wiederholung betrachten. Wer schon eine andere Programmiersprache wie z.B. BASIC gelernt hat, der wird hier vertraute Sprachelemente wiederentdecken. Wer aber über keine Grundkenntnisse in irgendeiner Programmiersprache verfügt, der wird die Darstellung vielleicht als zu knapp empfinden.

1.1 Ein erstes Pascal-Programm

Hier ein erstes Beispielprogramm.

Beispiel 1.1: (elementare Datentypen)

```
PROGRAM Beispiel1;
VAR
  ganzezahl       : integer;
  Gleitpunktzahl  : real;
  logischerWert   : boolean;
  Zeichen         : char;
BEGIN
  ganzeZahl := 3;
  Gleitpunktzahl := 3.1;
  LogischerWert := true;
  Zeichen := 'A';
END.
```

Dieses Programm hat keinen anderen Sinn, als die vier Standard-Datentypen einzuführen. Der augenfälligste Unterschied zwischen einem BASIC- und einem Pascal-Programm sind die fehlenden Zeilennummern, denn Pascal ist im Gegensatz zu BASIC nicht zeilenorientiert.

Anweisungen werden in Pascal durch das Semikolon ";" getrennt. Leerzeichen und Zeilenenden haben in Pascal-Programmen gar keine Bedeutung, sie dienen lediglich der besseren Lesbarkeit. Wir hätten ebensogut auch schreiben können:

```
program Beispiel1; var ganzezahl       : integer;
gleitpunktzahl : real; logischerWert  : boolean;
  Zeichen          : char; begin
ganzezahl:=3;Gleitpunktzahl:=3.1;LogischerWert
:=true; Zeichen := 'A';
end.
```

Wenn man die entsprechenden BASIC- und Pascal-Zuweisungen gegenüberstellt, fällt auf, daß der Zuweisungsoperator anstelle von "=" in Pascal ":=" lautet.

BASIC:	Pascal:
10 GA% = 3	ganzeZahl := 3;
20 GL = 3.1	Gleitpunktzahl := 3.1;
30 LO% = 1	LogischerWert := true;
40 ZE$ = "A"	Zeichen := 'A';

Anders als in (Standard-)BASIC dürfen Variablennamen länger als zwei Zeichen sein. Man kann es einer Pascal-Variablen nicht *ansehen*, ob sie vom Typ **integer** ist und ganze Zahlen als Werte haben darf, oder vom Typ **real** mit Gleitpunktzahlen als Werten, oder vom Typ boolean oder char. Man muß daher Variable in Pascal grundsätzlich vorher vereinbaren; dazu dient der *Vereinbarungsteil* von Beispiel 1.1:

```
VAR
  ganzezahl      : integer;
  Gleitpunktzahl : real;
  logischerWert  : boolean;
  Zeichen        : char;
```

1.2 Bezeichner

Nach der Zuweisung `ganzeZahl := 17` gibt es eine Speicherzelle, die den Wert 17, den *Wert der Variablen*, enthält. Um mit diesem Wert arbeiten zu können, muß man seine *Adresse* kennen. Diese Zahl braucht sich der Programmierer glücklicherweise nicht zu merken, denn als die Variable `ganzeZahl` vereinbart wurde, hat der `Pascal`-Compiler (engl. für Übersetzer) nicht nur eine Speicherzelle der richtigen Größe reserviert, sondern den Namen "`ganzeZahl`", seinen Typ "`integer`" und die Adresse der reservierten Speicherzelle in eine interne Tabelle eingetragen.

In dieser Tabelle finden sich z.B. auch "`Beispiel1`", der Name des Programms, und die Namen anderer Vereinbarungen, d.h. von Konstanten, Typen, Funktionen oder Prozeduren.

Diese Namen heißen in `Pascal` *Bezeichner* oder (engl.) *Identifier* und genügen der folgenden *Konstruktionsregel*:

> Ein Bezeichner ist in `Pascal` eine Folge von Ziffern oder Buchstaben, die mit einem Buchstaben beginnt.

Um sich die Konstruktionsregeln deutlich zu machen, verwendet man gerne *Syntaxdiagramme*. Hier das Syntaxdiagramm für Bezeichner:

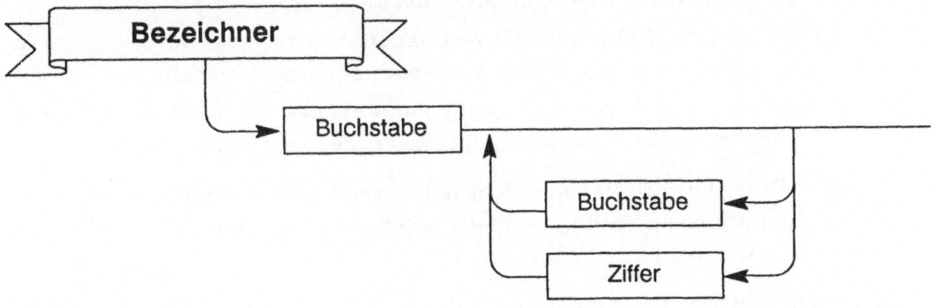

Dies liest man so:

Ein "Bezeichner" ist definiert als ein "Buchstabe", optional gefolgt von einem "Buchstaben" oder einer "Ziffer", optional gefolgt von einem "Buchstaben" oder einer "Ziffer", optional ... .

Die Syntax von `Pascal` läßt also beliebig lange Bezeichner zu — da aber Leerzeichen, Zeilenenden und auch alle anderen Sonderzeichen in einem Bezeichner nicht erlaubt sind, bildet die Länge der Eingabezeile eine natürliche Begrenzung[1]. Es können neben den Großbuchstaben auch Kleinbuchstaben

---

[1]Es gibt `Pascal`-Übersetzer, für die Bezeichner identisch sind, die in den ersten acht Zeichen übereinstimmen. Dies entspricht nicht der Definition von Standard-`Pascal`

verwendet werden — die kleinen werden aber den großen gleichgesetzt, so daß "AnnA" und "aNNa" derselbe Bezeichner ist.

Wir unterscheiden die folgenden Klassen von Bezeichern:

1. *reservierte Bezeichner* sind fester Bestandteil von Pascal

AND	DO	FORWARD	MOD	PROCEDURE	TO
ARRAY	DOWNTO	FUNCTION	NIL	PROGRAM	TYPE
BEGIN	ELSE	GOTO	NOT	RECORD	UNTIL
CASE	END	IF	OF	REPEAT	VAR
CONST	FILE	IN	OR	SET	WHILE
DIV	FOR	LABEL	PACKED	THEN	WITH

   Diese Bezeichner dürfen *nicht* neu vereinbart werden. Spracherweiterungen haben häufig auch weitere reservierte Bezeichner zur Folge, so z.B. OTHERWISE in **Microsoft**-Pascal.

2. *Standard-Bezeichner* sind vordefinierte Bezeichner, die jeder Pascal-Übersetzer verstehen sollte: insbesondere

   (a) die Konstanten: false, true, maxint

   (b) die Standard-Typen: integer, boolean, real, char, text

   (c) die Standard-Dateien: input, output

   (d) die Standard-Funktionen: abs, arctan, chr, cos, eof, eoln, exp, ln, odd, ord, pred, round, sin, sqr, sqrt, succ, trunc

   (e) die Standard-Prozeduren: dispose, get, new, pack, page, put, read, readln, reset, rewrite, unpack, write, writeln

   Diese Bezeichner *sollte* man nicht neu vereinbaren, obwohl es erlaubt ist, denn dann lassen sich die so bezeichneten Standard-Sprachelemente nicht mehr verwenden.

3. *selbstdefinierte Bezeichner* für Konstanten, Variable, Typen, Dateien, Funktionen und Prozeduren.

Fehlerhaft sind die folgenden Bezeichner für Variable:

```
new, end          { vordefiniert reserviert }
Anna-Karina       { Sonderzeichen           }
4711Flasche       { fuehrende Ziffer        }
```

Man verwendet in Pascal gerne Bezeichner, die Auskunft über ihre Verwendung geben: also Mittelwert anstelle von m, Schrittweite anstelle von s und Punktzahl anstelle von p.

Um Bezeichner, die aus mehreren Worten bestehen, lesbarer zu machen, verwenden wir Großbuchstaben: KostenProKg anstelle von kostenprokg und WochenArbeitszeit anstelle von wochenarbeitszeit.

1.3 Standard-Datentypen und ihre Werte

Alle Anweisungen des Beispielprogramms 1.1 von Seite 1 waren *Zuweisungen*, d.h. einer Variablen, die vorher im Vereinbarungsteil als **integer**, **real**, **boolean** oder **char** deklariert worden ist, wird ein entsprechender Wert zugewiesen werden.

Was sind nun zulässige **integer**-, **real**-, **boolean**- oder **char**- Werte?

Integer-Zahlen, auch ganze Zahlen genannt, bestehen aus einem optionalen Vorzeichen, gefolgt von einer vorzeichenlosen ganzen Zahl, auch Kardinal-Zahl genannt:

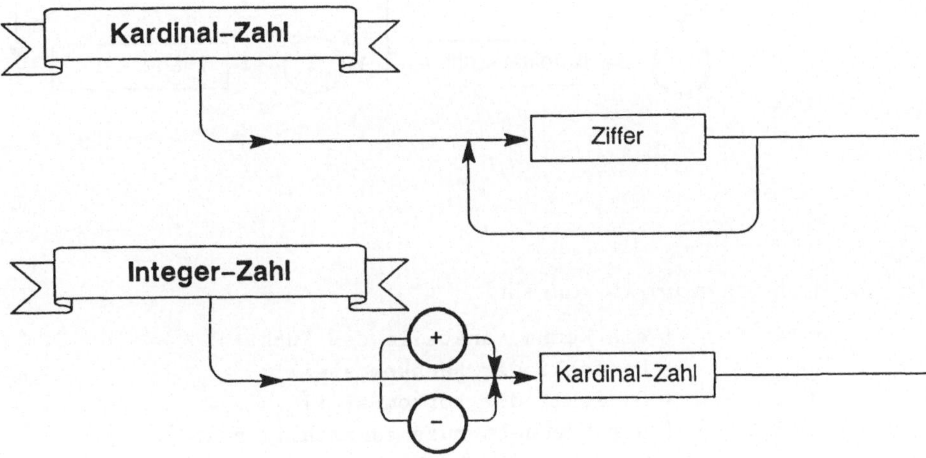

Integer-Zahlen dürfen aber nicht beliebig groß sein: **Pascal**'s größte **integer**-Zahl ist **maxint**, eine vordefinierte Konstante, deren Wert von Rechner zu Rechner verschieden sein kann. Auf den meisten Mikro-Computern stehen für ganze Zahlen zwei Bytes, d.h. 16 Bits, zur Verfügung. Verwendet man ein Bit fürs Vorzeichen, so bleiben 15 für den Wert und **maxint** ist in diesem Fall $2^{15} - 1 = 32767$.

Eine `real`-Zahl genügt folgender Syntax:

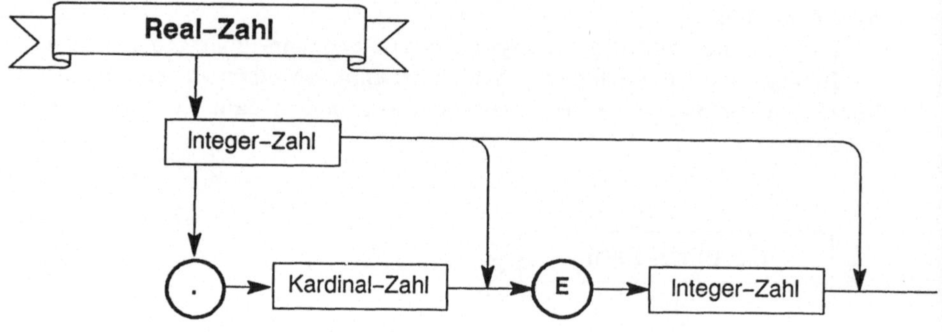

Beispiele für *inkorrekte reals* sind

```
3,14       { ein Komma, anstelle des Punktes    }
45.        { Da fehlt der Nachkommateil         }
.678       { Da fehlt der Vorkommateil          }
+15E.5     { Der Exponent muss ganzzahlig sein }
```

Die Anzahl der zulässigen Stellen im Exponenten und in der Mantisse ist implementationsabhängig. Turbo-`Pascal` z.B. läßt Exponenten zwischen -38 und $+38$ zu und vorne bis zu 11 Stellen Genauigkeit. (Diese Darstellung benötigt sechs Bytes pro `real`-Zahl)

Um `char`-Werte, also Zeichen und auch Zeichenketten, im Programmtext abzugrenzen, werden sie in *einfache* Apostrophe "'" eingeschlossen. Wenn der `char`-Variablen `A` der `char`-Wert `'A'` zugewiesen werden soll, lautet das so:

```
A := 'A';
```

Weil in `Pascal` das Apostroph zum Begrenzen von Zeichenketten verwendet wird, stellt sich die Frage, wie man ein Apostroph *in* einer Zeichenkette darstellt. `Pascal`s Konvention lautet hier:

> ein einfaches Apostroph wird innerhalb einer Zeichenkette durch *zwei* aufeinanderfolgende einfache Apostrophe dargestellt.

Damit erzeugt `'wie geht''s'` die Zeichenkette `wie geht's`.

Einer `Char`-Variablen kann man, wie der Name schon sagt, nur Zeichenketten der Länge eins zuweisen. Also z.B.

```
eins := '1';
apostroph := '''';
```

Welche Zeichen sind denn nun zulässig? Das ist wiederum implementationsabhängig: die meisten Rechner verwenden den ASCII (American Standard Code for Information Interchange) - Zeichensatz: die Kodierung 0 bis 31 und 127 sind Kontrollzeichen, 32 ist das Leerzeichen (Blank). Die Kodierung der darstellbaren ASCII-Zeichen kann man folgender Tabelle entnehmen: der Code eines Zeichens ist die Summe der Zahlen an seinem Zeilen- und Spaltenende.

	32	48	64	80	96	112
0	␣	0	@	P	`	p
1	!	1	A	Q	a	q
2	"	2	B	R	b	r
3	#	3	C	S	c	s
4	$	4	D	T	d	t
5	%	5	E	U	e	u
6	&	6	F	V	f	v
7	'	7	G	W	g	w
8	(	8	H	X	h	x
9	)	9	I	Y	i	y
10	*	:	J	Z	j	z
11	+	;	K	[	k	{
12	,	<	L	\	l	|
13	-	=	M	]	m	}
14	.	>	N	^	n	~
15	/	?	O	_	o	

Leider kennt Standard-Pascal keine string-Variable, die Zeichenketten als Werte haben können. Viele Pascal-Implementationen versuchen diesen Mangel durch eigene Erweiterungen auszugleichen, so z.B. UCSD-Pascal, TURBO-Pascal, Microsoft-Pascal.

Logische Variable mit logischen Werten, auch boolean-Werte genannt, gibt es in BASIC nicht explizit. Die beiden möglichen boolean-Werte in Pascal sind true für wahr und false für unwahr. In BASIC verwendet man an dieser Stelle integer-Variable, wobei false durch den Wert Null und true durch jeden anderen Wert dargestellt wird.

1.4 Arithmetische Operatoren und Standardfunktionen

Eine arithmetische Wertzuweisung hat folgenden Aufbau:

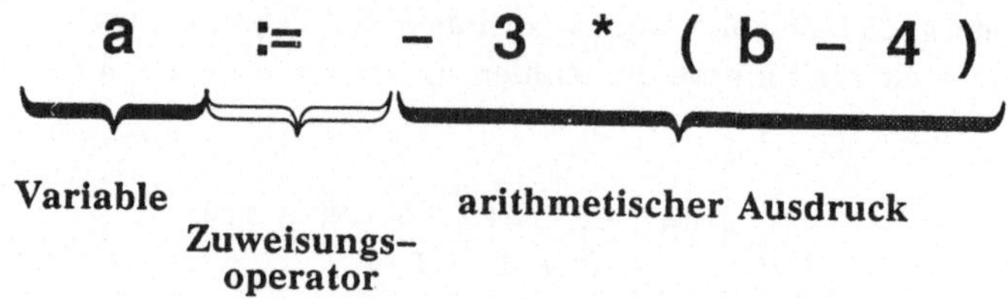

In diesem Abschnitt soll besprochen werden, welche arithmetischen Ausdrücke in Pascal syntaktisch erlaubt sind und welche Bedeutung sie haben.
Die Syntax eines arithmetischen Ausdrucks lautet:

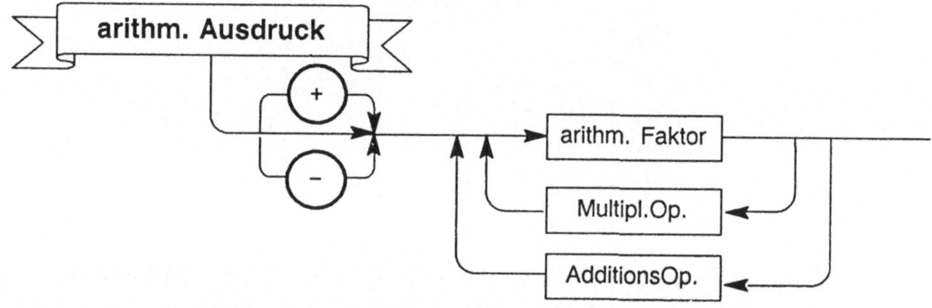

Die Bestandteile dieses Syntaxdiagramms haben folgende Bedeutung:

1. *arithmetische Faktoren* können sein:
   - Zahlen ohne Vorzeichen,
   - Variable (oder Konstante), die einen Zahlenwert haben,
   - Funktionsaufrufe, die einen Zahlenwert abliefern und
   - arithmetische Ausdrücke, die in runden Klammern eingeschlossen sind;

also z.B.

```
113
sin( 11.2 )
( -3 * b - 4 )
```

Faktoren, die eine **integer**-Zahl abliefern, heißen **integer**-Faktoren und solche, die eine **real**-Zahl abliefern, **real**-Faktoren.

2. *Vorzeichen* sind entweder "+" oder "-".

3. *AdditionsOp*(eratoren) sind die Addition "+" und die Subtraktion "-".

4. *MultiplikationsOp*(eratoren) sind

*	Multiplikation
/	Division
DIV	ganzzahlige Division
MOD	Rest der ganzzahligen Division.

Dabei gilt:

a * b liefert eine **integer**-Zahl, wenn beide Operanden a und b vom Typ **integer** sind; wenn einer von beiden oder beide Operanden vom Typ **real** sind, so ist auch das Ergebnis eine **real**-Zahl. Diese Regel gilt auch für a + b und a - b.

a / b liefert immer ein **real**-Ergebnis, auch wenn a und b vom Typ **integer** sind (anders als in BASIC oder FORTRAN).

a DIV b ist die *ganzzahlige Division*. Sie ist nur für **integer**-Operanden definiert, bei denen b $\neq$ 0 ist und liefert eine **integer**-Zahl k, so daß a - k*b betragsmäßig kleiner als b ist.

a MOD b ist die *Modulo-Operation*. Auch sie ist nur für **integer**-Operanden definiert, bei denen b > 0 ist und liefert eine **integer**-Zahl k, so daß $0 \leq k <$ b und a – k durch b teilbar ist.

Das Syntaxdiagramm für arithmetische Ausdrücke gibt vor allem die Auswertungsreihenfolge innerhalb des arithmetischen Ausdrucks an. Also z.B.

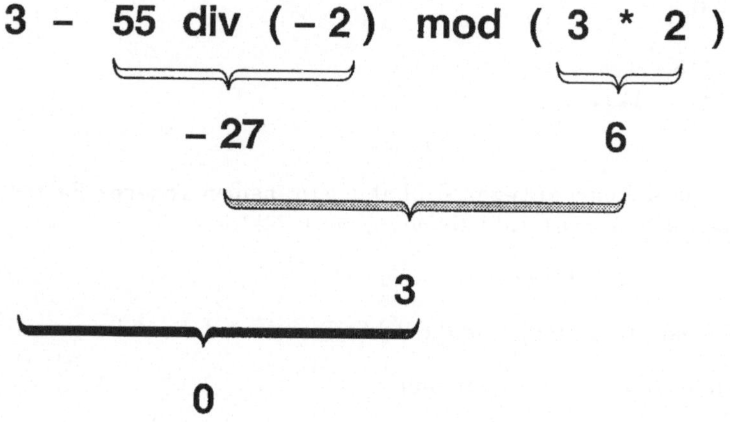

$$\underbrace{3 - \underbrace{\underbrace{55 \text{ div } (-2)}_{-27} \text{ mod } (\underbrace{3 * 2}_{6})}_{3}}_{0}$$

Die erste Klammer war nötig, weil das Minuszeichen "-" ein Vorzeichen und keine Operation sein soll, und die zweite, da sonst zuerst `MOD` und erst dann die Multiplikation ausgewertet worden wäre.

Die *arithmetischen Standardfunktionen* kann man der folgenden Tabelle entnehmen. Dabei steht x für einen arithmetischen Ausdruck (`integer` oder `real`). Das Ergebnis des Funktionsaufrufs ist jeweils `real`, bis auf `abs(x)` und `sqr(x)`; diese liefern immer einen Wert desselben Typs wie x.

Pascal	BASIC	Erläuterung
`abs(x)`	ABS(X)	liefert den Absolutbetrag von x
`sqr(x)`		liefert das Quadrat von x
`sin(x)`	SIN(X)	liefert den Sinus für x [1]
`cos(x)`	COS(X)	liefert den Kosinus für x [1]
`arctan(x)`	ATN(X)	liefert den Arcustangens für x [1]
`exp(x)`	EXP(X)	liefert e^x
`ln(x)`	LOG(X)	liefert den Logarithmus für x > 0
`sqrt(x)`	SQR(X)	liefert $\sqrt{x}$ für $x \geq 0$

Abgesehen von der Verwechslungsmöglichkeit zwischen `Pascal`'s Quadrat `sqr(x)` und `BASIC`'s Wurzel `SQR(X)`, fällt auf, daß `Pascal` kein `TAN(X)` kennt. Wenn $cos(x) \neq 0$ ist, so kann man statt dessen $sin(x)/cos(x)$ schreiben.

Ebenso fehlt ein Potenzoperator. Für $y > 0$ kann y^x durch `exp(ln(y)*x)` ersetzt werden. Die *Transferfunktionen* sind Standardfunktionen, die für einen `real`-Ausdruck `r` ein ganzzahliges Ergebnis abliefern:

[1] x in Bogenmaß

`trunc(r)` liefert eine ganze Zahl k, so daß der Rest r - k betragsmäßig kleiner als 1 ist und dasselbe Vorzeichen wie r hat. Diese Funktion wird in BASIC durch `SGN(R)*INT(ABS(R))` erzeugt.

`round(r)` liefert eine ganze Zahl k, so daß der Rest r - k betragsmäßig kleiner gleich $\frac{1}{2}$ ist und im Zweifelsfall das umgekehrte Vorzeichen wie r hat. In BASIC erhält man das durch `SGN(R)*INT(ABS(R+0.5))`.

1.5 Der Aufbau eines Programms

Die Syntax eines Pascal-Programms wie etwa Beispiel 1.1 auf Seite 1 lautet:

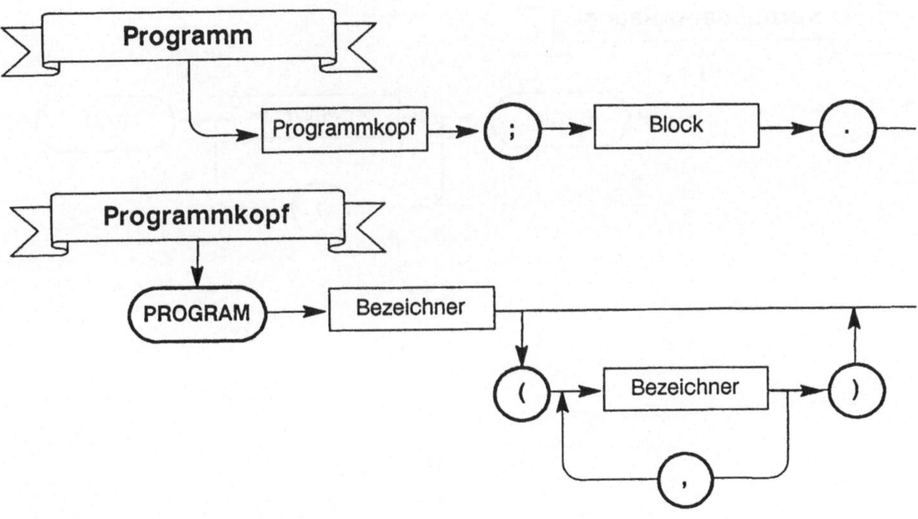

Dabei ist der erste Bezeichner der Name des Programms und die optional in Klammern folgenden bezeichnen die Dateien, mit denen das Programm arbeitet, siehe auch Kapitel 2.

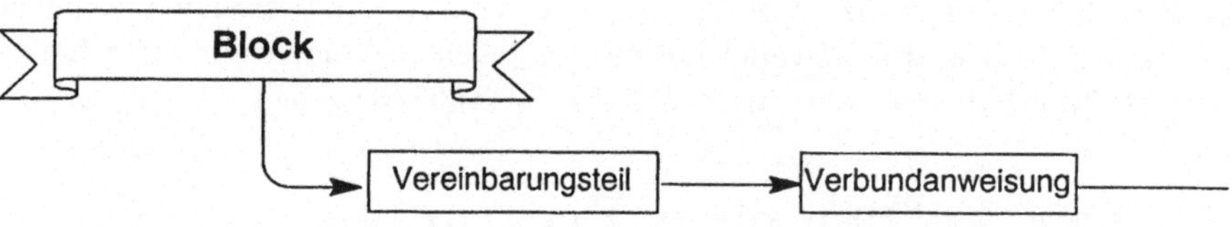

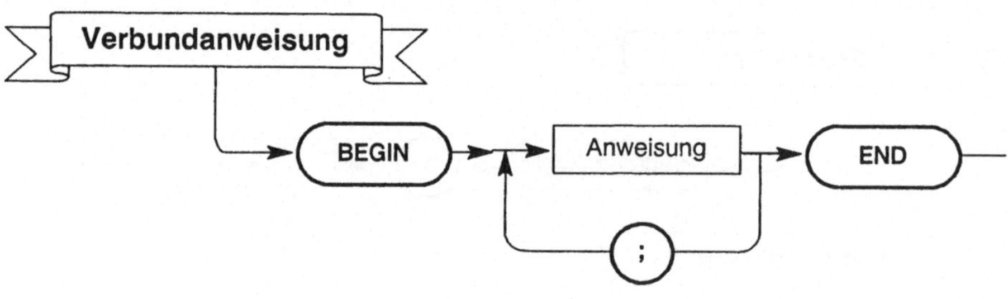

Damit sind wir so schlau wie zuvor, da wir noch keine Vereinbarungen und Anweisungen definiert haben. In diesem ersten Kapitel haben wir auch nur eine Möglichkeit kennengelernt, Variablen zu *vereinbaren*:

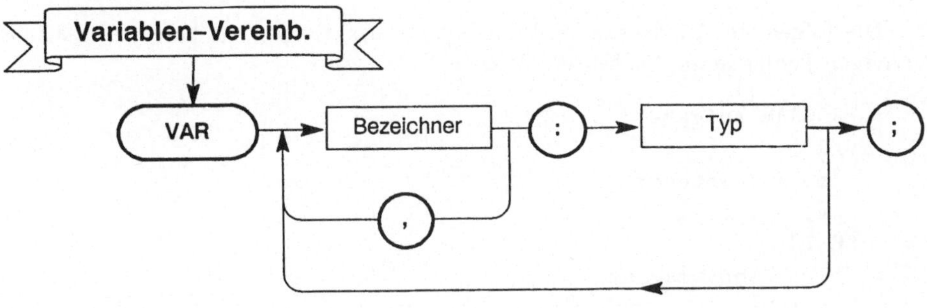

Als mögliche Typen kennen wir dabei

`integer, real, char, boolean`

Als mögliche Anweisungen kennen wir neben der Verbundanweisung noch die Zuweisung:

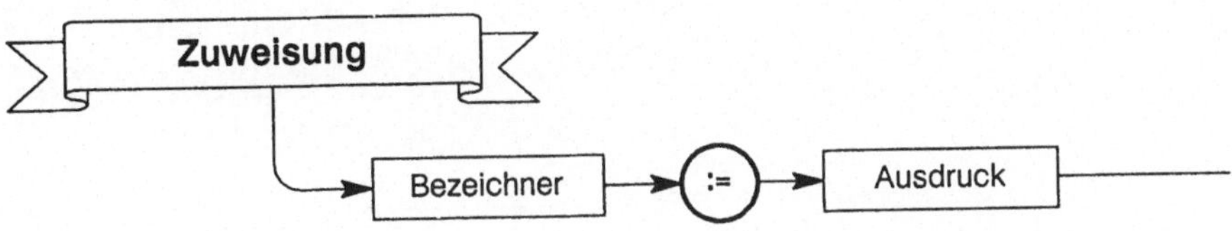

Die einzigen Ausdrücke, die wir bisher kennengelernt haben, sind die arithmetischen Ausdrücke.

Aufgaben zu Kapitel 1

Aufgabe 1.1*:[2]

Die folgenden Ausdrücke sind entweder syntaktisch nicht korrekt, oder sie erzeugen Fehler beim Ausführen. Warum?

```
PROGRAM Aufgabe1;
VAR
  i, j : integer;
  r, q : real;
BEGIN
  i := sqr( maxint );
  j := - 4/2;
  r := sqrt( sin( 3 MOD j ));
  q := -2r
END.
```

[2]Die Lösungen der Aufgaben mit einem "*" stehen im Anhang L.

Kapitel 2

Einfache Kontrollstrukturen

Kapitel 2 führt die wichtigsten Kontrollstrukturen, die IF-Anweisung und die WHILE-Schleife, ein. Während in Abschnitt 2.1 nur Vergleiche eingeführt werden, wird die allgemeine Form der Bedingung in Kapitel 2.3 betrachtet. Das andere Thema des Kapitels ist die Ein-/Ausgabe auf Text-Dateien.

2.1 IF-Anweisung und WHILE-Schleife

Die BASIC-Zeile

```
10 IF X < 0 THEN x = -x
```

kann in Pascal ganz ähnlich geschrieben werden. Dort lautet sie:

```
IF x < 0 THEN x := -x;
```

den Vergleich `x < 0` nennt man auch logischen Ausdruck, da er entweder den logischen Wert **true** oder **false** abliefert. Bekanntlich wird die auf THEN folgende Anweisung nur dann ausgeführt, wenn der logische Ausdruck **true** liefert.

Auch die Vergleichsoperatoren entsprechen denen von BASIC:

VergleichsOP:	Bedeutung
<	kleiner
>	größer
<=	kleiner oder gleich
>=	größer oder gleich
=	gleich
<>	ungleich

Die Kombinationen ><, => bzw. =< sind nicht erlaubt.

Die Syntax der IF-Anweisung ist allgemeiner als in den meisten BASIC-Dialekten.

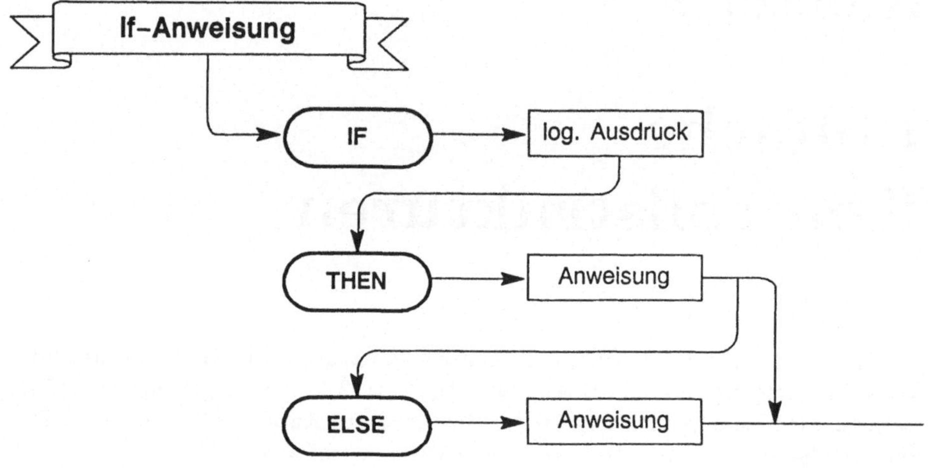

Der ELSE-Teil wird ausgeführt, wenn der logische Ausdruck zwischen IF und THEN false ergibt. Dazu ein Beispiel:

```
IF x > 0 THEN
  xabs := x
ELSE
  xabs := -x
```

Die WHILE-Schleife wiederholt die Ausführung der abhängigen Anweisung, solange die Bedingung zwischen WHILE und DO true ist:

```
amodb := a;
WHILE amodb > b DO
  amodb := amodb - b;
```

Allgemein hat die WHILE-Schleife die Form:

```
WHILE <logischer Ausdruck> DO
  <Anweisung>
```

Häufig will man die Ausführung einer Gruppe von Anweisungen wiederholen. Dann faßt man diese Anweisungen mit Hilfe der BEGIN-END-Klammern zu einer Verbund-Anweisung zusammen, wie z.B. in

```
amodb := a;
adivb := 0;
WHILE amodb > 0 DO BEGIN
  amodb := amodb - b;
  adivb := adivb + 1;
END
```

Das letzte Semikolon in diesem Beispiel ist nicht ganz korrekt, denn ein ";" *trennt* Anweisungen bzw. Vereinbarungen. Da dieser "Fehler" sehr häufig auftritt, hat man in Pascal die *leere Anweisung* eingeführt, die implizit hinter dem überflüssigen Semikolon eingefügt wird und die *nichts* tut.

Ernster sind aber folgende Fehler im Gebrauch des Semikolons:

Fehler 2.1a

```
IF a > r THEN
  max := a;
ELSE
  max := b
```

Hier wird die IF-Anweisung durch das Semikolon abgeschlossen, da der ELSE-Teil nicht unbedingt vorhanden sein muß. Die nächste Anweisung beginnt dann mit ELSE. Da es eine solche Anweisung nicht gibt, ist das ein Syntaxfehler.

Fehler 2.1b

```
WHILE x > r DO;
  x := x - r
```

Auch hier wird vor dem Semikolon die leere Anweisung eingefügt, d.h. nach jeder Abfrage x > r wird die leere Anweisung ausgeführt. Diese ändert aber nichts an der Bedingung, so daß die Schleife nie wieder verlassen wird, wenn sie einmal betreten wurde, eine sogenannte *Endlosschleife*.

Als Zusammenfassung merke man sich die *Regel*:

Setze nie ein Semikolon *vor* ELSE oder *nach* DO.

2.2 Die Ein- und Ausgabe von Zeichen

Richtig interessant werden Programme erst, wenn man auch Werte ein- und ausgeben kann. Da die Unterschiede der Ein- und Ausgabe zwischen Pascal und BASIC recht groß sind, wollen wir uns zunächst mit der *zeichenweisen* Eingabe und Ausgabe beschäftigen und erst gegen Ende des Kapitels den allgemeinen Fall behandeln.

Eine Text-Datei, englisch *textfile*, ist eine Sequenz von Zeichen, die wir uns auf einem Band angeordnet vorstellen können. Diese Zeichenfolge wird von End-Of-Line-Marken (kurz EOL) unterbrochen und am Ende abgeschlossen durch ein EOL, gefolgt von einer oder mehreren End-Of-File-Marken (kurz EOF). Also etwa so:

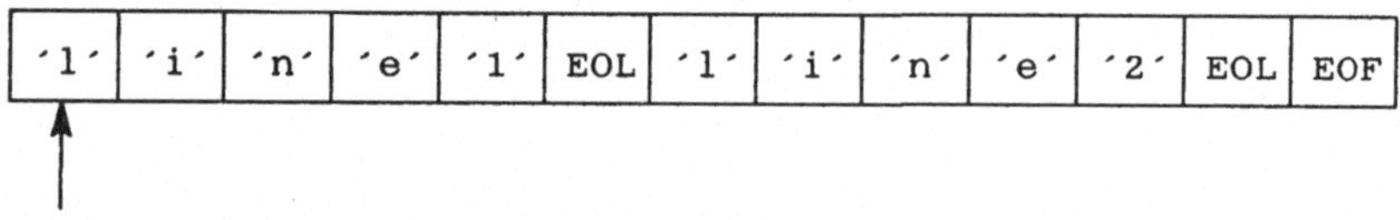

Ein Datei-Zeiger, hier angedeutet durch den Pfeil, zeigt auf die aktuelle Position innerhalb der Datei. Um von einer Text-Datei f ein Zeichen in eine char-Variable ch einzulesen, verwendet man die Standardprozedur

```
read( f, ch );
```

Danach ist ch = 'l' und der Datei-Zeiger rückt auf das 'i' vor. Wenn der Zeiger auf die EOL-Marke zeigt, wird ein *Leerzeichen* eingelesen. Versucht man ein Zeichen einzulesen, wenn der Zeiger auf der EOF-Marke steht, so erfolgt ein Fehlerabbruch des Programms.

Um das zu vermeiden, muß man überprüfen können, ob das Ende einer Zeile oder das Ende der Datei erreicht ist. Dafür gibt es zwei Standardfunktionen, die das Ergebnis dieser Überprüfung als logischen Wert abliefern:

eoln(f) liefert genau dann true, wenn der Zeiger der Datei f auf ein EOL zeigt.

eof(f) liefert genau dann true, wenn der Zeiger der Datei f auf ein EOF zeigt.

Um ein Zeichen ch auf eine Ausgabe-Datei g zu schreiben, verwendet man die Standardprozedur

```
write( g, ch );
```

Es gibt zwei Standard-Dateien, die sich sofort benutzen lassen, wenn sie im Programmkopf angegeben sind:

input ist eine Standard-Datei, die zum Lesen geöffnet ist. Sie ist standardmäßig mit der Tastatur verbunden.

output ist eine Standard-Datei, die zum Schreiben eröffnet ist. Sie ist standardmäßig mit dem Bildschirm verknüpft.

Jetzt können wir versuchen, die folgende Aufgabe zu lösen:

Problem 2.2:

Lies die Zeichen der Datei input ein und gib sie auf output genauso wieder aus, d.h. *kopiere* den input auf den output.

Lösung 2.2a: (eine erste Lösung)

```
PROGRAM copy( input, output );
VAR  ch : char;
BEGIN
  WHILE NOT eof( input ) DO BEGIN
    read( input, ch );
    write( output, ch )
  END
END.
```

In unserer Lösung wird also die read- und write-Anweisung solange ausgeführt, bis das Ende der Datei input erreicht ist. Wird dieses Programm auf die oben abgebildete Beispieldatei angewendet, so ergibt sich folgendes Resultat auf output:

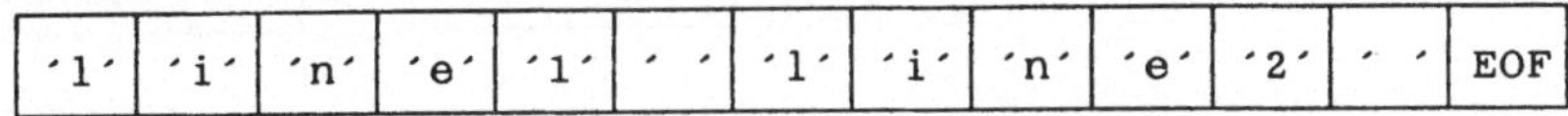

Die EOL-Marken wurden als Leerzeichen eingelesen und auch wieder ausgegeben. Also sind die EOL-Marken nicht richtig kopiert worden.
Um eine EOL-Marke zu schreiben, gibt es die Standardprozedur

```
writeln( g );
```

und zum Einlesen von EOL-Marken entsprechend

```
readln( f );
```

Diese Prozedur rückt den Datei-Zeiger von f solange vor, bis eine EOL-Marke übersprungen wird und der Zeiger auf dem Anfang der nächsten Zeile steht. Damit sieht die richtige Lösung folgendermaßen aus:

Lösung 2.2b:

```
PROGRAM copy( input, output );
VAR  ch : char;
BEGIN
  WHILE NOT eof( input ) DO BEGIN
    WHILE NOT eoln( input ) DO BEGIN
      read( input, ch );
      write( output, ch )
    END;
    readln( input );
    writeln( output )
  END
END.
```

Soweit die zeichenweise Ein-/Ausgabe. In Abschnitt 2.4, Seite 24, besprechen wir auch die Ein-/Ausgabe für die anderen einfachen Datentypen.

2.3 Logische Ausdrücke

Die einfachsten logischen Ausdrücke sind die *Vergleiche*. Vergleichen lassen sich dabei zwei einfache Ausdrücke, d.h. Ausdrücke, die **real**-, **integer**-, **char**- oder **boolean**-Werte abliefern.

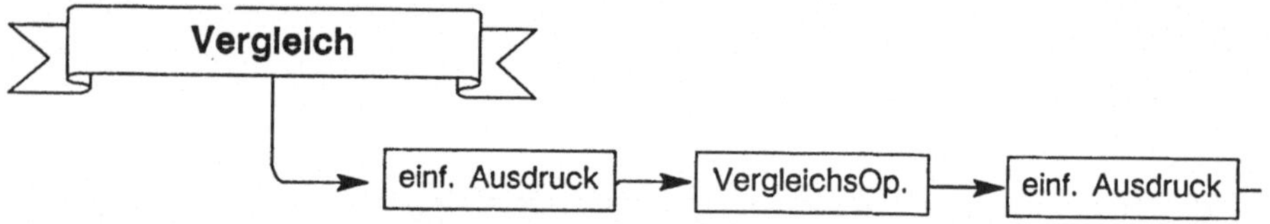

Hier ein Vergleich von **integer**-Ausdrücken

```
i - 5 > i*2 + 1
```

Die Priorität der arithmetischen Operatoren ist *höher* als die der Vergleichsoperatoren. Deshalb wird zuerst `i - 5` und `i*2+1` ausgewertet und dann erst der Vergleich ">".

Die einfachsten Ausdrücke sind *Faktoren*:

- Werte von einfachem Typ (**real**, **integer**, **char**, **boolean**),
- Variable oder Konstante, die einen solchen Wert haben,
- Funktionsaufrufe, die einen solchen Wert abliefern,
- Ausdrücke in runden Klammern, die einen solchen Wert abliefern.

Um char-Werte miteinander vergleichen zu können, greift man auf die Kodierung der Zeichen zurück; die Kodierung des ASCII-Zeichensatzes kann man der Tabelle in Kapitel 1.3 auf Seite 7 entnehmen. Vom Programm aus läßt sich über die folgenden Standardfunktionen darauf zugreifen:

ord(c) liefert für einen char-Faktor den integer-Wert der Kodierung und

chr(i) liefert für einen integer-Ausdruck den entsprechenden char-Wert aus der Kodierungstabelle.

Also ist chr(ord(ch))=ch für jedes Zeichen ch. Da im ASCII-Zeichensatz, auf den wir uns im folgenden immer beziehen werden, ord('+') = 43 und ord('-') = 45 ist, gilt folglich '+' < '-'.

Neben den Vergleichen gibt es noch andere logische Ausdrücke:

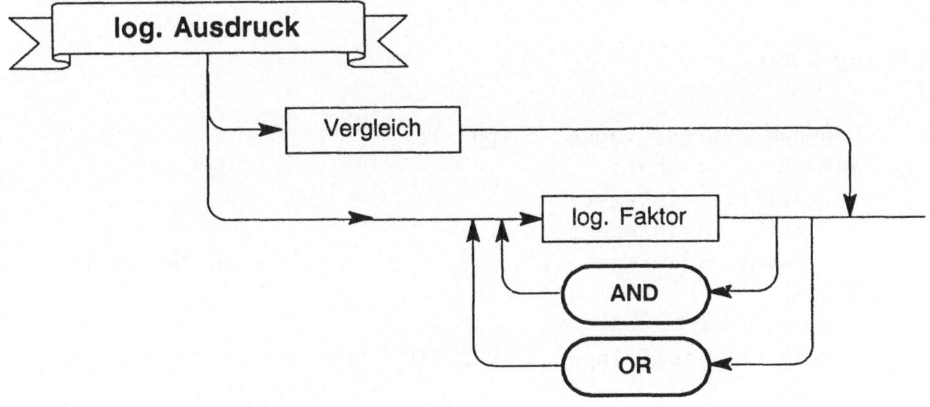

Logische Faktoren können sein:

- ein logischer Wert, d.h. true oder false,
- eine logische Variable oder Konstante,
- eine Funktion, die einen logischen Wert abliefert,
- NOT gefolgt von einem logischen Faktor,
- ein logischer Ausdruck in runden Klammern.

Während man in GWBASIC (das MS-DOS-BASIC)

```
30 IF I >= 0 AND I < 10 THEN D$=CHR$(I+ASC("0"))
```

schreiben kann, um eine Ziffer in das entsprechende Zeichen zu verwandeln, muß man die Vergleiche in Pascal klammern, da die Priorität der Vergleichsoperatoren >=, < usw. höher ist als die der logischen Verknüpfungen AND und OR. Die entsprechende IF-Anweisung sieht in Pascal also so aus:

```
IF ( digit >= 0 ) AND ( digit < 10 ) THEN
  Ch := chr( digit - ord( '0' ))
```

Den umgekehrten Schritt, d.h. Zeichen in integer-Zahlen umzuwandeln, braucht man bei der folgenden Aufgabe:

Problem 2.3:

Auf dem Input steht eine Folge positiver ganzer Zahlen. Lies sie (zeichenweise) ein und summiere sie.

Lösung 2.3a:

```
PROGRAM SumPos( input, output );
VAR ch     : char;
    Ziffer : integer;
    Zahl   : integer;
    Summe  : integer; { der bisher eingelesenen Zahlen }
BEGIN
  Summe := 0;
  WHILE NOT eof( input ) DO BEGIN
    Zahl := 0;
    read( input, ch );
    { Ueberspringen der Leerzeichen }
    WHILE ( ch = ' ' ) DO
      read( input, ch );
    { Einlesen einer Zahl }
    WHILE ( ch >= '0' ) AND ( ch <= '9' ) DO BEGIN
      Ziffer := ord( ch ) - ord( '0' );
      Zahl := Zahl * 10 + Ziffer;
      read( input, ch )
    END;
    Summe := Summe + Zahl
  END
END.
```

Die in "{" und "}" eingeschlossenen Programmteile sind *Kommentare*. Sie werden vom Übersetzer wie Leerzeichen behandelt, und dürfen deshalb überall dort stehen, wo Leerzeichen erlaubt sind, außer in Zeichenketten.

Diese Lösung ist nicht ohne Probleme, denn an einem einfachen Beispiel kann man verfolgen, was passiert:

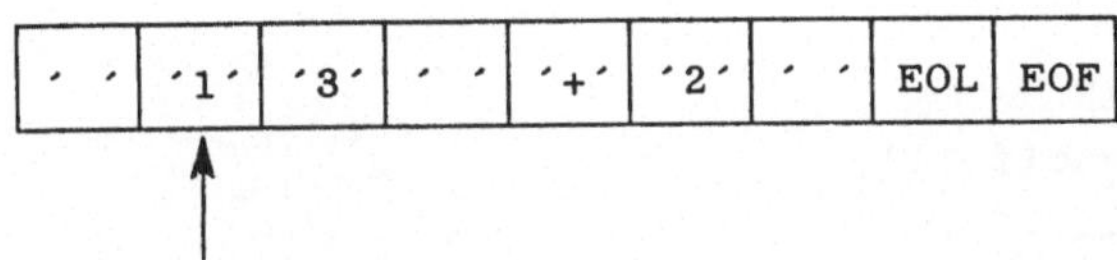

- die 13 wird im ersten Durchgang der äußeren `WHILE`-Schleife eingelesen und `sum` zugewiesen,
- im zweiten Durchgang wird das `'+'` gefunden und dafür die `0` aufaddiert,
- im dritten Durchgang wird die 2 aufaddiert.

Wenn dann aber auf `eof( input )` abgefragt wird, so ist es `false`, da der Zeiger auf das Leerzeichen zeigt. Beim folgenden Überspringen der Leerzeichen wird versucht, die `EOF`-Marke einzulesen und das führt zu einem Laufzeitfehler.

Man muß also die `eof`-Abfrage verbessern. Das erreicht man z.B. dadurch, daß die Leerzeichen durch folgende Anweisung übersprungen werden:

```
WHILE ( ch = ' ' ) AND NOT eof( input ) DO
  read( input, ch );
```

2.4 Einlesen von Text-Dateien

Die zeichenweise Ein-/Ausgabe wurde in Kapitel 2.2 auf Seite 18 vorgestellt und in Problem 2.3 auf Seite 22 wurden positive ganze Zahlen zeichenweise eingelesen.

Die Standardprozedur `read` läßt das natürlich auch direkt zu; sei `f` im folgenden eine Textdatei:

`reset(f)` eröffnet eine Text-Datei zum Lesen und setzt den Datei-Zeiger an den Anfang. Die Datei `input` ist schon zum Lesen geöffnet.

`read( f, i )` versucht in die Variable `i` vom Typ `integer` eine `integer`-Zahl einzulesen. Führende Leerzeichen oder `EOL`-Marken werden überlesen.

Wenn die Zahl nicht gefunden wird, oder nicht dem Syntaxdiagramm entspricht, erfolgt ein Laufzeitfehler.

`read( f, r )` versucht in die Variable `r` von Typ `real` eine `real`-Zahl einzulesen. Führende Leerzeichen oder `EOL`-Marken werden überlesen. Wenn die Zahl nicht gefunden wird, oder nicht dem Syntaxdiagramm entspricht, erfolgt ein Laufzeitfehler.

`read( f, v1, ..., vn )` ist äquivalent zu

```
BEGIN
  read(f,v1);
  ...;
  read(f,vn)
END
```

`read( v1, ..., vn )` ist äquivalent zu `read( input, v1, ..., vn )` d.h. wenn von `input` gelesen wird, muß dieses nicht explizit angegeben werden. Dasselbe gilt auch für `eof`, `eoln` und `readln`:

`eof` ist äquivalent zu `eof( input )`

`eoln` ist äquivalent zu `eoln( input )`

`readln` ist äquivalent zu `readln( input )`

`readln( f )` ist äquivalent zu

```
BEGIN
  WHILE NOT eoln(f) DO
    read( f, ch );
  read( f,ch )
END
```

für eine `char`-Variable `ch`.

`readln( f, v1, ..., vn )` ist äquivalent zu

```
BEGIN
  read( f, v1, ..., vn );
  readln( f )
END
```

Als Konsequenz aus Lösung 2.2a formulieren wir

Merkregel 1:

> Beim Einlesen von **integer**- oder **real**-Zahlen soll man *nur nach* einem **readln** auf Datei-Ende abfragen.

Daher also

Lösung 2.2b

```
PROGRAM SumPos( input, output );
VAR Zahl, Summe : integer;
BEGIN
  Summe := 0;
  WHILE NOT eof DO BEGIN
    readln( Zahl );
    Summe := Summe + Zahl
  END
END.
```

2.5 Ausgabe auf Text-Dateien

Die Regeln für die Standardprozedur write entsprechen weitgehend den Regeln für **read**. Neu kommt hinzu, daß das Ausgabeformat festgelegt werden kann. Sei im folgenden g eine Text-Datei:

rewrite(g) eröffnet g zum Schreiben, d.h. der Datei-Zeiger wird an den Anfang gesetzt und die Datei mit EOF-Marken gefüllt, so daß **eof(g)** jederzeit **true** liefert. Die Datei **output** ist standardmäßig zum Schreiben geöffnet.

Sei im folgenden g zum Schreiben geöffnet, und seien p1, ...,pn Ausgabeparameter. Dann gilt:

write(g, p1, ..., pn) ist äquivalent zu

```
BEGIN
  write( g, p1 );
  ...;
  write( g, pn )
END
```

write(p1, ..., pn) ist äquivalent zu write(output, p1, ..., pn)

writeln(g, p1, ..., pn) ist äquivalent zu

```
BEGIN
  write( g, p1, ..., pn );
  writeln( g )
END
```

Die Ausgabeparameter können folgende Formen haben:

`e` `e:m` `r:m:n`

dabei ist `e` ein Ausdruck, der Werte vom Typ **`integer`**, **`real`**, **`char`**, **`boolean`** oder auch **`string`** liefert, `m` und `n` sind positive ganzzahlige Ausdrücke und `r` ist ein reeller Ausdruck.

Dabei gibt `m` die minimale Anzahl von Zeichen an, die ausgedruckt werden; werden weniger Stellen benötigt, um den Wert von `e` auszudrucken, so wird das Ausgabefeld, bestehend aus `m` Stellen, links mit Leerzeichen aufgefüllt.

Problem 2.3

Plotte die Sinusfunktion, d.h. drucke zeichenweise ein '*' zwischen der Position 5 und 55, so daß dieses den Verlauf von $sin(x)$ wiedergibt für die x-Werte $x = a, a + \Delta, a + 2 * \Delta, \ldots, b$ für eingelesenes a, Δ, b.

Lösung 2.3

```
PROGRAM PlotSin( input, output );
VAR a, delta, b : real;
BEGIN
  read( a, delta, b );
  WHILE a <= b DO BEGIN
    writeln( '*': 30 + round( 25*sin(a)));
    a := a + delta
  END
END.
```

Die Werte `a=0`, `delta=0.4` und `b=6.3` ergeben auf **`output`** das folgende Bild:

```
                             *
                                       *
                                               *
                                                    *
                                                      *
                                                    *
                                              *
                                     *
                            *
```

```
                       *
               *
          *
         *
            *
                  *
                            *
```

`write( ch )` für einen Ausdruck vom Typ `char` die Feldlänge `m=1`, gilt

`write( str )` druckt eine Zeichenkette `str` aus

`write( str:m )` druckt eine Zeichenkette `str` rechtsbündig in einem Feld der Länge `m` aus; falls `m` kleiner als die Länge von `str` ist, werden nur `m` Zeichen ausgegeben.

Dazu einige Beispiele:

> `write( 'hallo':1 )` erzeugt `h`
>
> `write( 'hallo':3 )` erzeugt `hal`
>
> `write( 'hallo'   )` erzeugt `hallo`
>
> `write( 'hallo':7 )` erzeugt `␣␣hallo`

`write( b )` und `write( b:m )` für einen logischen Ausdruck `b` wird so behandelt, als ob die Zeichenkette `'true'` bzw. `'false'` ausgegeben werden sollte.

`write( i )` druckt für einen `integer`-ausdruck `i` die Dezimaldarstellung in minimaler Länge. Das folgende Programm simuliert dieses:

```
PROGRAM WriteInt( input, output );
VAR zahl, potenz, ziffer : integer;
BEGIN
  WHILE NOT eof DO BEGIN
    read( zahl );
    IF zahl < 0 THEN BEGIN
      write( '-' );
      zahl := -zahl
    END;
    potenz := 10;
    WHILE potenz <= zahl DO
      potenz := potenz*10;
    WHILE potenz > 1 DO BEGIN
```

```
        potenz := potenz DIV 10;
        ziffer := zahl DIV potenz;
        zahl := zahl MOD potenz;
        write( chr( ziffer + ord( '0' )))
      END;
      writeln
    END
  END.
```

`write( i:m )` druckt für einen `integer`-ausdruck `i` die Dezimaldarstellung rechtsbündig in einem Feld, das mindestens `m` Stellen lang ist und die ganze Darstellung der Zahl enthält.

Also zum Beispiel:

`write( -4711:1 )` erzeugt `-4711`

`write(  4711:3 )` erzeugt `4711`

`write(  4711:5 )` erzeugt `␣4711`

Am kompliziertesten ist die Ausgabe von `real`-Ausdrücken `r`:

`write( r )` druckt einen *reellen* Ausdruck im wissenschaftlichen Format mit Exponenten aus. Die Länge ist dabei implementationsabhängig.

Bei Turbo-Pascal erzeugt `writeln( -ln(2))`:

`-6.9314718056E-01`

Derselbe Ausdruck wäre bei `writeln( -ln(2):17 )` entstanden. Für `m`≤8 erzeugt `writeln( -ln(2))` folgenden Ausdruck:

`-6.9E-01`

Für 8≤`m`<18 wächst die Zahl der Mantissenstellen und für größeres `m` werden links entsprechend viele Leerzeichen eingeschoben.

`write( r:m:n )` druckt einen reellen Ausdruck `r` im Festpunktformat. Dabei gibt `n` die Anzahl der Nachkommastellen an und `m` die minimale Länge des Gesamtausdrucks, die überschritten wird, wenn die Festpunktzahl nicht hineinpaßt.

Also zum Beispiel für `r=12.345`

`writeln( r:1:1 )` liefert `12.3`

`writeln( r:5:2 )` liefert `␣12.35`, also einen aufgerundeten Wert und

`writeln( r:8:4 )` liefert `␣␣12.3450`.

Aufgaben zu Kapitel 2

Aufgabe 2.1

Analog zu SumPos auf Seite 22 sollen real-Zahlen im Festpunktformat zeichenweise eingelesen und aufsummiert werden. Dabei wird vorausgesetzt, daß auf jeder Zeile nur eine Zahl steht. Die Zahlen und die Summe sollen in einem einheitlichen Festpunktformat ausgegeben werden.

Aufgabe 2.2*

Es sollen die Anzahl der Zeilen, Worte und Zeichen einer Text-Datei bestimmt werden. Dabei sind EOL und EOF nicht als Zeichen zu zählen. Ein Wort ist dabei jede Folge von Zeichen, die durch ein oder mehrere Leerzeichen bzw. EOL-Marken begrenzt ist. Anschließend soll diese Statistik ausgegeben werden.

Kapitel 3

Strukturierte Programmierung

In den ersten beiden Kapiteln sind die grundlegenden Sprachelemente von Pascal eingeführt worden. Es ist daher an der Zeit, die Frage zu diskutieren: "Was ist ein gutes Programm?"

Ein gutes Programm soll

1. von menschlichen Lesern *leicht zu verstehen* sein,

2. *wohlstrukturiert* sein, d.h. die Struktur des Problems soll sich in der Lösung widerspiegeln, und

3. möglichst *effizient* sein.

Die erste Eigenschaft berührt den *Programmierstil*, d.h. die Gestaltung der äußeren Form des Programms durch Kommentierung, Einrückungen der Anweisungen und Wahl der Bezeichner.

Die zweite Eigenschaft berührt die vieldiskutierte Frage, ob ein wohlstrukturiertes Programm GOTO-Anweisungen enthalten darf, siehe Abschnitt 3.2, und die grundsätzliche Frage, wie sich Programme systematisch entwickeln lassen, siehe Abschnitt 3.3.

Diese ersten beiden Eigenschaften sind schon nicht so ganz einfach zu beantworten. Aber die Frage nach der Effizienz ist noch wesentlich schwieriger zu behandeln. Dazu muß zuerst einmal genauer definiert werden, was mit Effizienz gemeint ist, denn schon hier gibt es mehrere Sichtweisen:

- kurze Ausführungszeiten,

- geringer Speicherbedarf,

- geringe Entwicklungskosten.

Es beginnt sich die Meinung durchzusetzen, daß man *alle Kosten*, die ein Programm in seiner Lebenszeit verursacht, an dieser Stelle mit berücksichtigen muß. Und da meistens das Testen und die Wartung eines Programms die meisten Kosten verursachen, sind von diesem Gesichtspunkt aus gut lesbare und wohlstrukturierte Programme die kostengünstigsten.

Das Tuning von Programmen, also Verkürzung der Laufzeit, lohnt sich meist nur an einigen (zeit-)kritischen Stellen, siehe auch Abschnitt 3.3.

3.1 Programmierstil

Die erste Eigenschaft eines Programms, gut lesbar und verständlich zu sein, soll an Lösungen des folgenden Problems diskutiert werden:

Problem 3.1 (WriteBase)

Analog zu `WriteInt` auf Seite 27 sollen **integer**-Zahlen eingelesen und zeichenweise ausgegeben werden, dies jedoch zu einer Basis **base**, die als erste Zahl eingelesen wird. Die Basis soll nicht kleiner als zwei und nicht größer als 16 sein.

Wenn die Basis größer als 10 ist, sollen für die "Ziffern" 10, 11, ... die Zeichen `'A'`, `'B'`, ... verwendet werden.

Lösung 3.1a: (Ein erster Versuch)

```
program test(input,output);
var b,n,p,z : integer;
begin readln( b ); while not eof do
begin readln(n); if n<0 then
begin n := -n; write('-') end;
p:=b; while p<=z do p := p*b;
while p>1 do
begin p := p div b; p := z div p; z := z mod p;
if z< 10 then write( chr(z+ord('0')))
else write(chr(z+ord('A')-10));
end; writeln end end.
```

Dieses Programm ist eine korrekte Lösung, ja sie ist sogar syntaktisch identisch zur Lösung 3.2b weiter unten. Dennoch ist das Programm nur aus Sicht der Maschine äquivalent, für Menschen ist es schwer zu verstehen. Das liegt im wesentlichen an drei Dingen:

1. Die Namen der Variablen entschlüsseln nicht ihre Verwendung,
2. die Abhängigkeiten innerhalb des Programms sind nicht leicht zu sehen, da auf Einrückung verzichtet wurde, und

3. es fehlen hilfreiche Kommentare im Programm.

Wählt man **Basis** anstelle von b, **Zahl** anstelle von n, **Potenz** anstelle von p und **Ziffer** anstelle von z, so wird die Sache schon etwas klarer.

3.1.1 Kommentare

Kommentare beginnen mit "{" oder ersatzweise "(*", wenn dieses Zeichen nicht vorhanden ist, und enden mit "}" oder ersatzweise "*)". Außerhalb von Zeichenketten werden Kommentare wie Leerzeichen behandelt. Innerhalb von Zeichenketten gibt es keinen Kommentar.

Der wichtigste Kommentar ist der sogenannte "Prolog". Der Prolog steht am Anfang des Programms und sollte folgende Informationen enthalten:

1. Das Ziel des Programms und, falls sinnvoll, die darin verwendeten Methoden und der größere Zusammenhang, eventuell auch Referenzen.
2. Der Name des Programmierers und das Datum, wann das Programm erstellt wurde.
3. Eine Liste der Änderungen jeweils mit Datum und Grund der Änderung.

Für unser kleines Beispielprogramm könnte der Programmkopf mit Prolog also folgendermaßen aussehen[1]:

```
PROGRAM WriteBase( input, output );
{ WriteBase
    liest eine Basis und eine Folge von integer-Zahlen
    und gibt sie bezueglich
    dieser Basis zeichenweise aus.
                                  M.B/ 1.9.85
    Erweitert fuer Basis > 10
                                  A.S/10.9.85
}
```

Wichtiger Gegenstand der Kommentierung ist auch der Vereinbarungsteil. Es ist sinnvoll, beim Vereinbaren von Variablen auch sogleich ihren Verwendungszweck anzugeben — soweit sich das nicht durch die Wahl des Namens angeben läßt.

In unserem Beispiel also:

```
VAR Basis  : integer; { 2 <= Basis <= 16    }
    Potenz : integer; { Basis hoch N        }
    Ziffer : integer; { 0 <= Ziffer < Basis }
    Zahl   : integer;
    { Zahl=ZifferN*Basis^N + ... + Ziffer1*Basis + Ziffer0 }
```

[1] In den folgenden Programmen verzichten wir aus Platzgründen auf den Prolog. Alles, was dort stehen sollte, steht in dem Text, der das entsprechende Programm erklärt.

Schließlich sollen Kommentare dazu verwendet werden, Programmteile mit "Überschriften" zu versehen.

Keinesfalls sinnvoll ist es, jede Zeile eines Programms mit einem Kommentar zu versehen, denn dann findet man das Programm zwischen den Kommentaren nicht wieder. Die Anweisungen sollten vielmehr so geschrieben sein, daß sie auch ohne Kommentar zu verstehen sind. Ein Beispiel für einen überflüssigen Kommentar:

```
{ Einlesen des Datums }
readln( Tag, Monat, Jahr );
```

3.1.2 Die äußere Form des Programms

Ein Programm sollte so geschrieben sein, daß es möglichst leicht verständlich ist. Dazu gehört, kenntlich zu machen, welche Anweisungen als Gruppe zusammengehören bzw. abhängig sind von anderen Anweisungen.

Format 1: *die Verbundanweisung*

```
BEGIN
  Anweisung1;
  Anweisung2;
  ...
  AnweisungN
END
```

`BEGIN` und `END` stehen deutlich sichtbar übereinander und die abhängigen Anweisungen sind durch einige Leerzeichen *eingerückt*. Da diese Anweisungen auch wieder Verbundanweisungen sein können, entstehen Stufen von Abhängigkeiten. Die anderen beiden zusammengesetzten Anweisungen, die wir bisher kennen, werden entsprechend formatiert:

Format 2: `WHILE`-*Schleife*

```
WHILE logischer Ausdruck DO
  Anweisung
```

Format 3: `IF`-*Anweisung*

```
IF logischer Ausdruck THEN
  Anweisung fuer true
ELSE
  Anweisung fuer false
```

Soweit die Grundregeln. Jetzt wollen wir uns die "begründeten Ausnahmen" ansehen: Eine *Fallunterscheidung* schreibt man in Pascal häufig so, daß man in den ELSE-Teil jeweils weitere IF-Anweisungen schachtelt. Eigentlich müßte man das folgendermaßen formatieren:

```
IF Fall1-Bedingung THEN
  Anweisung 1
ELSE
  IF Fall2-Bedingung THEN
    Anweisung 2
  ELSE
    IF Fall3-Bedingung THEN
      Anweisung 3

      ....
```

Diese Form ist weder übersichtlich, noch entspricht sie unserem Gefühl, daß alle Fälle auf derselben Stufe stehen. Um das auszudrücken, benutzen wir

Format 3a: *geschachtelte* IF-*Anweisung*

```
IF Fall1-Bedingung THEN
  Anweisung1
ELSE IF Fall2-Bedingung THEN
  Anweisung2
ELSE IF Fall3-Bedingung THEN
  Anweisung3

  ...

ELSE
  Anweisung fuer false
```

Ein ähnliches Problem entsteht, wenn die Anweisung innerhalb von IF-Anweisungen wieder Verbundanweisungen sind. Dann müßte man eigentlich schreiben:

```
IF logischer Ausdruck THEN
  BEGIN
    Anweisung W1;
      ...
    Anweisung WN
  END
ELSE
  BEGIN
```

```
    Anweisung F1;
      ...
    Anweisung FM
  END
```

Wir sind mit dieser Schreibweise nicht sehr glücklich, da wir die BEGIN- und END-Klammern als Teil der IF-Anweisung empfinden und Anweisung W1 bis Anweisung WN bzw. Anweisung F1 bis Anweisung FM als die eigentlich abhängigen. Dies drücken wir im folgenden Format aus:

Format 3b: *Verbund-*IF*-Anweisung*

```
IF logischer Ausdruck THEN BEGIN
  Anweisung W1;
    ...
  Anweisung WN
END {if - then}
ELSE BEGIN
  Anweisung F1;
    ...
  Anweisung FM
END {else}
```

Hier wird mit den Kommentaren ausgedrückt, auf welche Zeile das jeweilige END Bezug nimmt. Ganz analog die

Format 2a: *Verbund-*WHILE*-Schleife*

```
WHILE logischer Ausdruck DO BEGIN
  Anweisung 1;
  Anweisung 2;
    ...
  Anweisung N
END { while }
```

Lösung 3.1b:

```
PROGRAM WriteBase( input, output );
{ WriteBase
  liest eine Basis und eine Folge von integer-Zahlen
  und gibt sie bezueglich
  dieser Basis zeichenweise aus.
                              M.B/ 1.9.85
  Erweitert fuer Basis > 10
                              A.S/10.9.85
```

```
}
VAR Basis  : integer;
    Potenz : integer; { Basis hoch N         }
    Ziffer : integer; { 0 <= Ziffer < Basis }
    Zahl   : integer;
    { Zahl=ZifferN*Basis^N + ... + Ziffer1*Basis + Ziffer0 }
BEGIN
  readln( Basis );
  writeln( 'Wandle um in Darstellung zur Basis', Basis:3 );
  WHILE NOT eof DO BEGIN
    readln( Zahl );
    write( Zahl:15, ' --> ');
    IF zahl < 0 THEN BEGIN
      write( '-' );
      zahl := -zahl
    END;
    Potenz := Basis;
    WHILE Potenz <= Zahl DO
      Potenz := Potenz*Basis;
    WHILE Potenz > 1 DO BEGIN
      Potenz := Potenz DIV Basis;
      Ziffer := Zahl DIV Potenz;
      Zahl := Zahl MOD Potenz;
      IF Ziffer < 10 THEN
        write( chr( Ziffer + ord( '0' )))
      ELSE
        write( chr( Ziffer + ord( 'A' ) - 10 ))
    END;
    writeln
  END
END.
```

3.2 Die GOTO-Anweisung und ihre Verwendung

Die GOTO-Anweisung ist eine der häufigsten Anweisungen in BASIC oder FORTRAN. In Pascal gibt es sie auch, sie ist aber "verpönt", da ihre Verwendung als "unstrukturiert" gilt. Was es damit auf sich hat, soll in diesem Abschnitt erklärt werden.

Da es in Pascal keine Zeilennummern gibt, braucht man als Sprungziele sogenannte *Marken*, das sind höchstens vierstellige Kardinalzahlen, die am Anfang des Blocks[1], in dem sie verwendet werden sollen, *vereinbart werden müssen*:

[1]Zur Erinnerung: ein Block besteht aus Vereinbarungen gefolgt von einer Verbundanweisung.

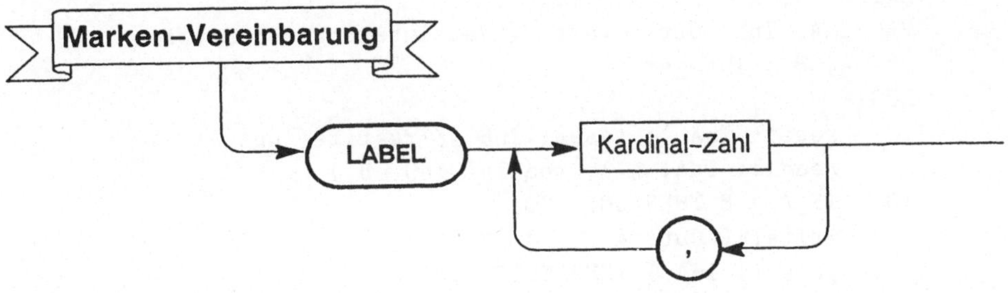

Jede Anweisung läßt sich dann zu einer markierten Anweisung machen:

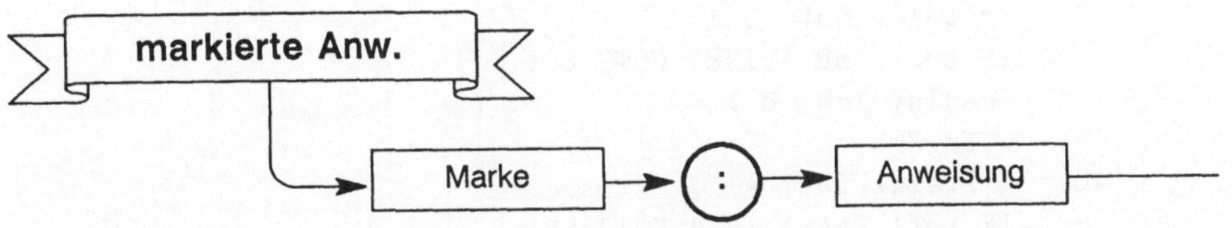

Mit der GOTO-Anweisung

```
GOTO <Marke>;
```

kann man dann wie in BASIC oder FORTRAN zu dieser Marke springen. Zur Illustration wieder ein Problem und mehrere Lösungen:

Problem 3.2: (Merge Files)

Auf zwei Text-Dateien InA und InB befinden sich integer-Zahlen, eine pro Zeile und aufsteigend sortiert. Diese sollen beide auf eine Ausgabe-Text-Datei out kopiert werden, so daß auch diese aufsteigend sortiert ist.

Ein BASIC-Programmierer, der auf Pascal umlernen wollte, lieferte hierfür die folgende Lösung, mit der er sehr zufrieden war:

Lösung 3.2a:

```
PROGRAM MergeFiles( InA, InB, Out );
```

```
LABEL 10, 20, 30, 40, 50;
VAR InA, InB, Out : text; { Vereinbarung der Dateien }
    A, B : integer;
BEGIN
     reset( InA ); reset( InB ); rewrite( Out );
     readln( InA, A ); readln( InB, B );
10:  IF A > B THEN GOTO 20;
     writeln( Out, A );
     IF eof( InA ) THEN GOTO 30;
     readln( InA, A );
     GOTO 10;
20:  writeln( Out, B );
     IF eof( InB ) THEN GOTO 40;
     readln( InB, B );
     GOTO 10;
30:  writeln( Out, B );
     IF eof( InB ) THEN GOTO 50;
     readln( InB, B );
     GOTO 30;
40:  writeln( Out, A );
     IF eof( InA ) THEN GOTO 50;
     readln( InA, A );
     GOTO 40;
50:
END.
```

Unser BASIC-Programmierer war sehr überrascht, als man ihm sagte, daß der Programmierstil dieser Lösung nicht gut sei, daß man eigentlich gar keine GOTO-Anweisung verwenden sollte, daß Programme mit vielen GOTO's unübersichtlich seien und man sich von ihrer Korrektheit nur schwer überzeugen könne. Also versuchte er, sein Programm in eine GOTO-freie Form zu "übersetzen". Hier ist seine

Lösung 3.2b:

```
PROGRAM MergeFiles( InA, InB, Out );
VAR InA, InB, Out : text;
    A, B : integer;
BEGIN
  reset( InA ); reset( InB ); rewrite( Out );
  readln( InA, A ); readln( InB, B );
  WHILE NOT ( eof( InA ) OR eof( InB )) DO BEGIN
    IF A <= B THEN BEGIN
      writeln( Out, A );
```

```
        IF NOT eof( InA ) THEN
          readln( InA, A )
        ELSE BEGIN { Rest von InB kopieren }
          writeln( Out, B );
          WHILE NOT eof( InB ) DO BEGIN
            readln( InB, B );
            writeln( Out, B )
          END { while }
        END { else }
      END { if-then }
      ELSE { A > B } BEGIN
        writeln( Out, B );
        IF NOT eof( InB ) THEN
          readln( InB, B )
        ELSE BEGIN { Rest von InA kopieren }
          writeln( Out, A );
          WHILE NOT eof( InA ) DO BEGIN
            readln( InA, A );
            writeln( Out, A )
          END { while }
        END { else }
      END { else }
    END { while }
  END.
```

Für diese Lösung erhielt unser Programmierer sehr viel Lob (obwohl ihm seine alte Lösung besser gefiel). Zu seinem Kummer stellte er fest, daß er einen wichtigen Fall vergessen hatte: Wenn nämlich einer der beiden Files ganz leer ist, stürzt das Programm ab, da sie ohne Prüfung gelesen werden.

In Lösung 3.2a läßt sich das mit zwei zusätzlichen Abfragen beheben — die Lösung 3.2b muß dagegen völlig umstrukturiert werden.

Um das Programm nicht zu kompliziert werden zu lassen, entschloß sich unser Programmierer, die Methode des *impliziten Sentinel* zu benutzen. Ein Sentinel ist ein Datenelement, das eine Datenfolge abschließt — da unsere Daten aufsteigend sortiert sind, bietet sich dafür `maxint` an. Und implizit ist der Sentinel deshalb, weil diese Maximalzahl in Wirklichkeit gar nicht auf der Datei steht.

Lösung 3.2c

```
PROGRAM MergeFiles( InA, InB, Out );
VAR InA, InB, Out : text;
    A, B : integer;
BEGIN
```

```
    reset( InA ); reset( InB ); rewrite( Out );
    IF eof( InA ) THEN
      A := maxint
    ELSE
      readln( InA, A );
    IF eof( InB ) THEN
      B := maxint
    ELSE
      readln( InB, B );

    WHILE ( A < maxint ) OR ( B < maxint ) DO BEGIN
      IF A <= B THEN BEGIN
        writeln( Out, A );
        IF eof( InA ) THEN
          A := maxint
        ELSE
          readln( InA, A )
      END { if-then }
      ELSE { A > B } BEGIN
        writeln( Out, B );
        IF eof( InB ) THEN
          B := maxint
        ELSE
          readln( InB, B )
      END { else }
    END { while }
  END.
```

Eine Regel, die Bestandteil des ISO-Pascal-Standards ist, besagt außerdem, daß es *inkorrekt* ist, von außen in eine Verbundanweisung zu springen. Dagegen ist es erlaubt, aus einer Verbundanweisung herauszuspringen.

Typische Situationen, in denen die GOTO-Anweisung auch nach den Regeln der strukturierten Programmierung erlaubt ist, sind

- der Abbruch einer Schleife beim Auftreten einer Fehler- bzw. Ausnahmesituation,

- der Abbruch einer Schleife bei vorzeitigem Erreichen des gewünschten Ereignisses.

Absolut verpönt sind Rückwärtssprünge, da sie Programme unübersichtlich machen: Hier ist Lösung 3.2a ein schlechtes Beispiel, man denke eher an große BASIC-Programme, deren Kontrollfluß manchmal undurchschaubar wird.

3.3 Parameterlose Prozeduren

Es gibt in Pascal die Möglichkeit, Unterprogramme zu vereinbaren — wie z.B. in BASIC die Anweisungen GOSUB und RETURN. Man kann sie sich einfach als Abkürzung einer Folge von Anweisungen vorstellen. Die folgende Lösung 3.2d ist der Lösung 3.2c daher völlig äquivalent:

Lösung 3.2d:

```
PROGRAM MergeFiles( InA, InB, Out );
VAR InA, InB, Out : text;
    A, B : integer;

PROCEDURE readA;
BEGIN
  IF eof( InA ) THEN
    A := maxint
  ELSE
    readln( InA, A )
END; { readA }

PROCEDURE readB;
BEGIN
  IF eof( InB ) THEN
    B := maxint
  ELSE
    readln( InB, B )
END; { readB }

BEGIN
  reset( InA ); reset( InB ); rewrite( Out );
  readA; readB;

  WHILE ( A < maxint ) OR ( B < maxint ) DO BEGIN
    IF A <= B THEN BEGIN
      writeln( Out, A );
      readA
    END { if-then }
    ELSE { A > B } BEGIN
      writeln( Out, B );
      readB
    END { else }
  END { while }
END.
```

Die genaue Syntax folgt in Kapitel 6 auf Seite 85, wenn Prozeduren mit Parametern eingeführt werden.

3.4 Systematisches Programmieren

Dieses ist der Titel eines Buches von Nikolaus Wirth, dem Schöpfer von Pascal, in dem er eine Programmiermethodik vorstellt, die er *schrittweise Verfeinerung* nennt und die auch als *Top-Down-Design* bekannt ist. Wir wollen diese Vorgehensweise an einem Beispiel illustrieren:

Problem 3.3

> Lies eine Folge von integer-Zahlen N ein und drucke alle Faktoren von N aus, d.h. alle Primzahlen, die N teilen und deren Produkt N ergibt.

Lösung 3.3 Stufe 1:

```
PROGRAM Faktoren( input, output );
VAR N : integer;
BEGIN
  WHILE NOT eof DO BEGIN
    LiesN;
    FaktorisiereN
  END { while }
END.
```

D.h dieses Problem wurde mit Hilfe zweier Prozeduren LiesN und FaktorisiereN gelöst, die es noch gar nicht gibt. Solche Prozeduren nennt man *Pseudocode.* Mit dieser Methodik zerlegt man Probleme in kleinere Teilprobleme.

Lösung 3.3 Stufe 1.1

```
PROCEDURE LiesN;
BEGIN
  readln( N );
  N := abs( N );
  writeln;
  write( N, ' = 1' )
END;
```

Lösung 3.3 Stufe 1.2

```
PROCEDURE FaktorisiereN;
VAR K : integer;
BEGIN
  K := 2;
  WHILE N >= K DO
    IF KteiltN THEN
      BearbeiteTeilerKvonN
    ELSE
      K := k + 1
END; { FaktorisiereN }
```

Den Pseudocode KteiltN können wir nicht als Prozedur definieren, da an dieser Stelle ein logischer Wert stehen muß.

Lösung 3.3 Stufe 1.2.1:

Ersetze KteiltN durch

```
N MOD K = 0
```

Lösung 3.3 Stufe 1.2.2:

```
PROCEDURE BearbeiteTeilerKvonN;
BEGIN
  write( ' * ', K:1 );
  N := N DIV K
END;
```

Damit ist das Problem 3.3 vollständig gelöst. Die Zusammenhänge lassen sich graphisch darstellen:

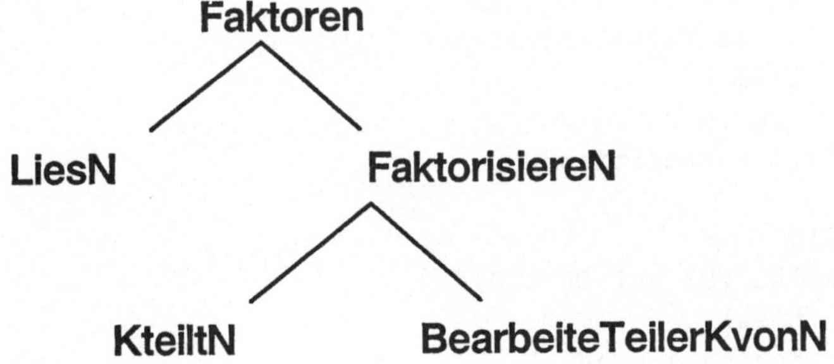

Da wir schichtweise von oben nach unten vorgedrungen sind, heißt diese Vorgehensweise auch *Top-Down-Design.*

Um ein vollständiges Programm zu erhalten, müssen wir die Prozeduren jeweils hinter den Variablenvereinbarungen des übergeordneten Blocks einfügen:

Lösung 3.3:

```
PROGRAM Faktoren( input, output );
VAR N : integer;

PROCEDURE LiesN;
BEGIN
  readln( N );
  N := abs( N );
  writeln;
  write( N, ' = 1' )
END;

PROCEDURE FaktorisiereN;
VAR K : integer;

PROCEDURE BearbeiteTeilerKvonN;
BEGIN
  write( ' * ', K:1 );
  N := N DIV K
END;

BEGIN
  K := 2;
  WHILE N >= K DO
    IF N MOD K = 0 THEN
      BearbeiteTeilerKvonN
    ELSE
      K := k + 1
END; { FaktorisiereN }

BEGIN
  WHILE NOT eof DO BEGIN
    LiesN;
    FaktorisiereN
  END { while }
END.
```

Die Schachtelung dieses Programms ist wie folgt:

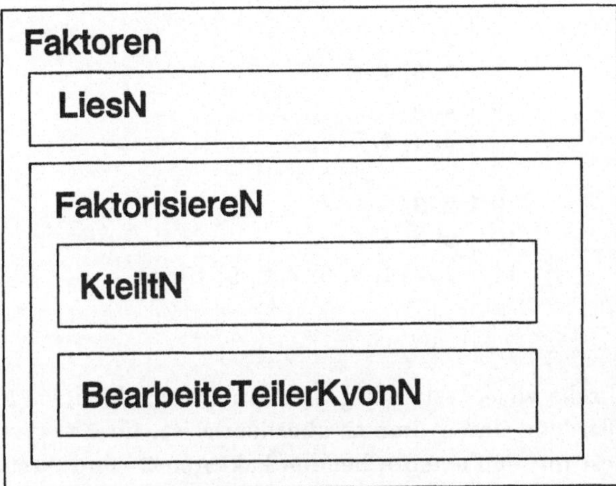

Die Prozedur `BearbeiteTeilerKvonN` ist nur innerhalb von `FaktorisiereN` bekannt, da sie in diesem Block definiert wurde. Man sagt auch, `Bearbeite-TeilerKvonN` ist *lokal* zu `FaktorisiereN`. Umgekehrt ist die Prozedur `LiesN` *global* zum Block von `FaktorisiereN`, denn `LiesN` ist außerhalb definiert und deshalb überall bekannt.

Gleiches läßt sich von Variablen sagen: `K` ist innerhalb von `FaktorisiereN` definiert und deshalb *lokal* zu `FaktorisiereN`, während `N` *global* dazu ist, d.h. in einem übergeordneten Block definiert.

Soweit die Programmiermethodik. Wie effizient ist dann eigentlich unsere Lösung 3.3, d.h. wie schnell im Rahmen aller möglichen Lösungen?

Ein Protokoll vermittelt die nötige Einsicht:

N:	Schleifendurchläufe für K =
2	2
3	2, 3
4	2
5	2, 3, 4, 5
6	2, 3
7	2, 3, 4, 5, 6, 7
8	2
9	2, 3
10	2, 3, 4, 5
11	2, 3, 4, 5, 6, 7, 8, 9, 10, 11
	usw

Es fällt auf, daß sehr viele Tests nötig sind, um Primzahlen wie 5, 7 und 11 zu finden. Und außerdem, daß es immer überflüssig ist, für K= 4, 6, 8 usw. zu testen, da der Test mit den entsprechenden Faktoren 2 und 3 schon erfolgt ist. Effizienter ist also:

Lösung 3.3 Stufe 1.2b:

```
PROCEDURE FaktorisiereN;
VAR K : integer;
BEGIN
  K := 2;
  WHILE KteiltN DO
    BearbeiteTeilerKvonN;
  K := 3;
  WHILE N >= K DO
    IF KteiltN THEN
      BearbeiteTeilerKvonN
    ELSE
      K := K + 2
END; { FaktorisiereN }
```

Diese Lösung ist fast doppelt so schnell wie die erste, da die geraden K, abgesehen von 2, ausgelassen werden. Geht es noch schneller? Man könnte entsprechend die durch 3 teilbaren K für K > 3 weglassen, aber der dafür nötige Programmieraufwand ist recht hoch und man muß sich sehr wohl überlegen, ob er sich im Verhältnis zur Zeitersparnis lohnt. Die Kunst beim "Tuning" besteht aber gerade darin, die Stellen zu finden, an denen die meiste Zeit (unnötig) verbraucht wird. In unserem Fall wollen wir eine andere Beobachtung ausnutzen und zwar, daß für viel zu große K's auf Teilbarkeit getestet wird, denn sobald

N < K * K ist, muß N eine Primzahl sein. Also kann man die Suche auf echte Teiler schon viel früher abbrechen:

Lösung 3.3 Stufe 1.2c:

```
PROCEDURE FaktorisiereN;
VAR K : integer;
BEGIN
  K := 2;
  WHILE KteiltN DO
    BearbeiteTeilerKvonN;
  K := 3;
  WHILE N >= K*K DO
    IF KteiltN THEN
      BearbeiteTeilerKvonN
    ELSE
      K := K + 2;
  IF N > 1 THEN BEGIN
    K := N;
    BearbeiteTeilerKvonN
  END { if }
END; { FaktorisiereN }
```

Diese Lösung benötigt tatsächlich viel weniger Schleifendurchläufe als die vorhergegangenen Lösungen. In der folgenden Tabelle sind die Anzahlen der Schleifendurchläufe angegeben, die die verschiedenen Versionen dieses Programms bei der Faktorisierung der Zahlen zwischen 1000 und 2000 benötigen:

Lösung	Schleifendurchläufe
a	359272
b	181685
c	10621

Unser Programm ist jetzt zwar viel effizienter, *robust* ist es aber noch nicht. Man nennt Programme robust, die sich von keiner Eingabe in Verlegenheit bringen lassen. Gibt man bei uns aber die 0 an, so gibt es bei Lösung b) und c) eine Endlosschleife, denn 0 hat beliebig oft den Teiler 2. Eine Korrektur von LiesN schafft hier Abhilfe:

Lösung 3.3 Stufe 1.1b:

```
PROCEDURE LiesN;
BEGIN
  readln( N ); writeln;
```

```
    IF N = 0 THEN BEGIN
      write ( 0, ' hat beliebige Faktoren');
      LiesN
    END { if-then }
    ELSE IF N > 0 THEN
      write( N, ' = 1' )
    ELSE BEGIN { N < 0 }
      write( N, ' = -1' );
      N := -N
    END { else }
  END; { LiesN }
```

`Faktoren` ist ein Beispiel für systematisches Programmentwickeln. Gerade beim Ändern des Programms hat es sich als vorteilhaft erwiesen, daß das Problem in Einzelteile — genannt *Module* — zerlegt war, denn bei jeder Änderung mußte nicht das gesamte Programm, sondern jeweils nur ein Modul geändert werden.

Aufgaben zu Kapitel 3

Aufgabe 3.1:

Ein Strom von einlaufenden Telegrammen ist zu verarbeiten. Jedes Telegramm wird durch die Zeichenfolge `'ZZZZ'` abgeschlossen. Der Telegrammstrom ist beendet, wenn ein leeres Telegramm, gefolgt von der Zeichenfolge `'ZZZZ'`, eintrifft. Die Telegramme werden gelesen und anschließend zeilenweise mit 60 bis 80 Zeichen pro Zeile ausgegeben. Die Wörter eines Telegramms sollen gezählt werden. Die ermittelte Anzahl ist zusammen mit einer Nachricht darüber, wieviele Wörter im Text länger als 12 Zeichen sind, hinter jedem Telegramm auszudrucken. Überflüssige Leerzeichen sollen beim Ausdruck eliminiert werden. Das längste zugelassene Wort hat zwanzig Zeichen, längere Worte sollen abgeschnitten werden.

Kapitel 4

Selbstdefinierte Datentypen

Die Möglichkeiten von Pascal, soweit wir sie bis jetzt kennengelernt haben, gehen kaum über das hinaus, was einige BASIC-Dialekte, wie etwa GWBASIC bieten. In diesem Kapitel werden wir aber Datentypen selbst definieren, die es in dieser Form in BASIC nicht gibt.

4.1 Konstanten

Ehe wir zu den selbstdefinierten Typen kommen, hier ein weiteres Sprachelement, das es so in BASIC nicht gibt, die Konstanten.

Konstanten und Variablen haben viel gemeinsam, sie beide haben

- als Namen einen Bezeichner,
- einen Typ und
- einen Wert.

Im Unterschied zu Variablen erhalten Konstante ihren Wert zum Zeitpunkt der Vereinbarung und können diesen Wert nicht mehr ändern, bleiben immer konstant.

Der Typ von Konstanten braucht nicht explizit angegeben zu werden, sondern ergibt sich implizit aus dem vereinbarten Wert. Hier einige Beispiele:

Beispiel 4.1:

```
CONST
  pi = 3.1415926;          { eine real-Konstante    }
  linelen = 80;            { eine integer-Konstante }
```

```
Apostroph = '''';            { eine char-Konstante    }
Version = '13.Jan.1985';     { eine string-Konstante  }
minint = -maxint;
```

Diese Konstantenvereinbarung darf in Pascal nur an einer bestimmten Stelle im Vereinbarungsteil eines Blocks stehen; hier die Syntax:

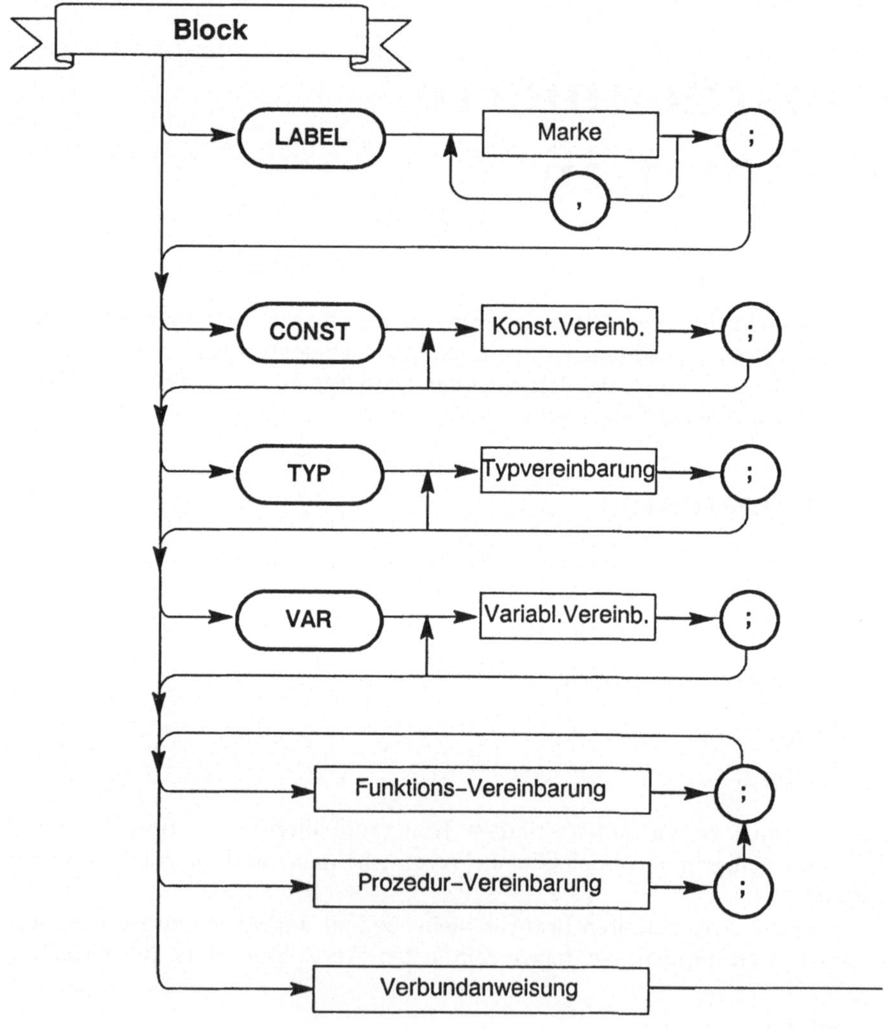

Die genaue Syntax der Konstantenvereinbarung ist dabei wie folgt:

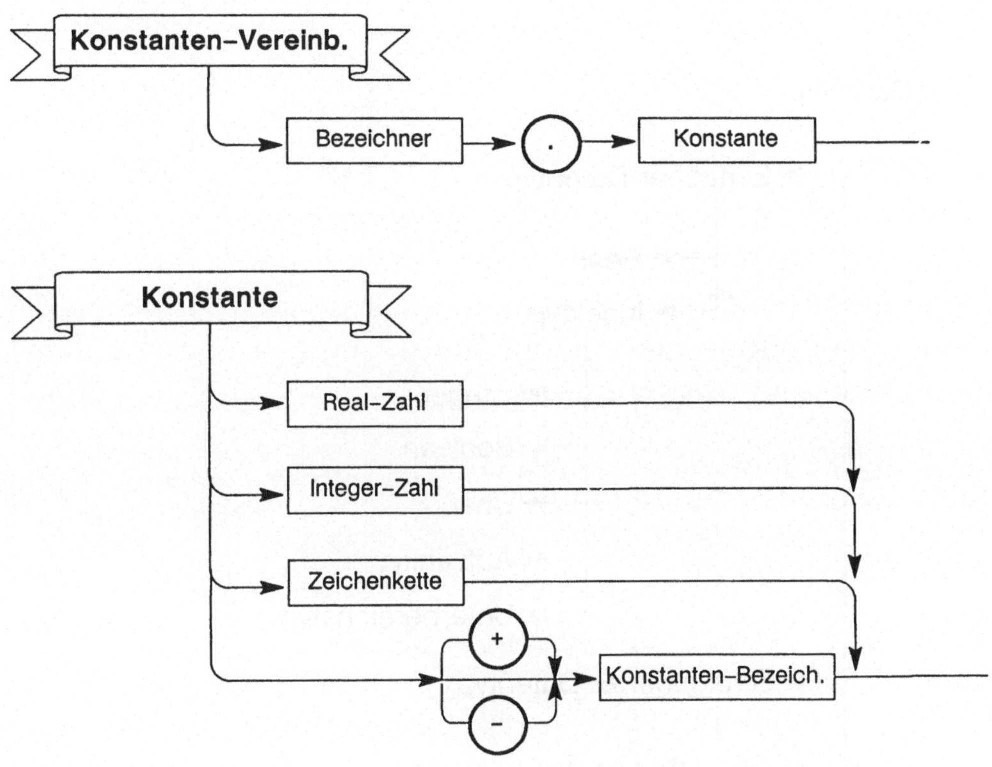

Bedauerlich ist, daß es `Pascal` nicht zuläßt, den Wert der Konstanten zu *berechnen*. Die folgenden Vereinbarungen sind deshalb *nicht korrekt*:

```
CONST
  ord0 = ord( '0' );
  maxint = maxint - 1;
```

Derartige Konstanten muß man in `Pascal` daher als Variable definieren. Mehr dazu im Anhang S (Schwächen von `Pascal`).

4.2 Einfache Datentypen

Eine Übersicht über alle in Pascal definierten, bzw. definierbaren Datentypen gibt die folgende Abbildung:

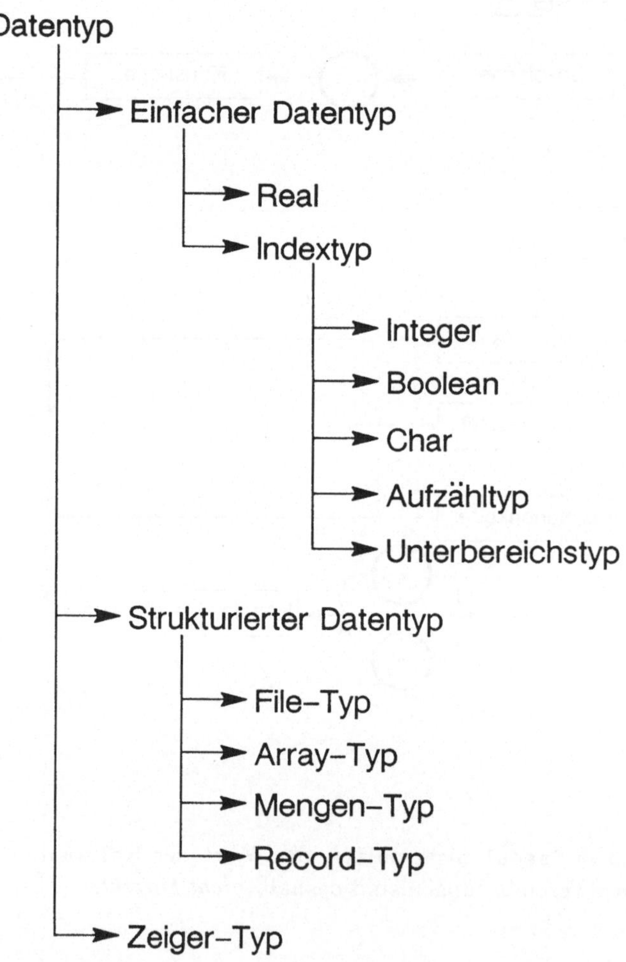

Die charakteristische Eigenschaft der Indextypen liegt darin, daß sich leicht eine eindeutige Abbildung auf einen Teilbereich der `integer`-Zahlen finden läßt. Sei x ein Wert eines Indextyps. Dann lassen sich auf x folgende vordefinierte Funktionen anwenden:

`ord(x)` liefert einen `integer`-Wert. nämlich die Position von x innerhalb des gesamten Wertebereichs;

`succ(x)` liefert einen Wert des Nachfolgers von x, es sei denn, x ist der größte Wert. Ansonsten gilt: `ord(succ(x)) = ord(x)+1`.

`pred(x)` liefert entsprechend den Vorgänger von x, es sei denn, x ist der kleinste Wert. Ansonsten gilt: `ord(pred(x)) = ord(x)-1`.

Leider fehlt die Umkehrfunktion von `ord` in Standard-`Pascal`, außer für den Typ `char`[1]. Falls x ein `char`-Wert ist, gilt

```
chr( ord(x) ) = x
```

4.2.1 Aufzähltypen

Ein Aufzähltyp wird definiert, indem man alle seine möglichen Werte aufzählt:

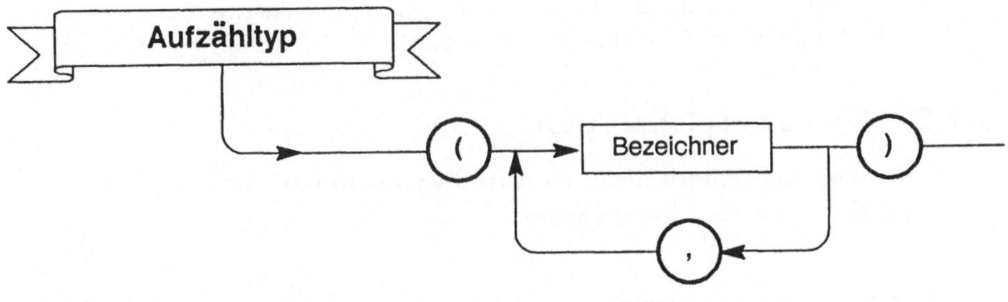

[1] Noch eine Schwäche von `Pascal`

Der Aufzähltyp ist ein möglicher Typ in der Typvereinbarung:

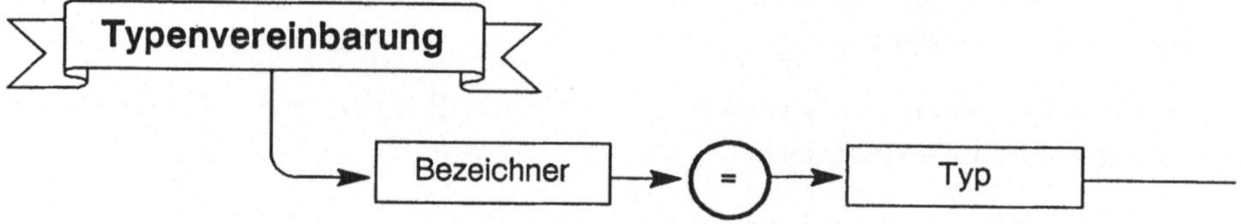

Diese Bezeichner dürfen, wie alle anderen Bezeichner, keine reservierten Wörter und noch nicht vereinbart worden sein.

Beispiel 4.2: Typenvereinbarungsteil mit Aufzähltypen

```
TYPE
  farbe = ( rot, gelb, blau, orange, gruen, lila );
  wochentag = ( Montag, Dienstag, Mittwoch, Donnerstag,
                Freitag, Sonnabend, Sonntag );
```

Falsch ist:

```
TYPE
  reisetag = (di, mi, do);                  { do ist reserviert }
  ziffer = (1, 2, 3, 4, 5, 6, 7, 8, 9);    { keine Bezeichner   }
  Wochenende = (Sonnabend, Sonntag);        { schon vereinbart   }
```

4.2.2 Unterbereichstypen

Auch wenn sich Ziffern nicht als Aufzähltyp definieren lassen, als Unterbereichstyp gibt es keine Schwierigkeiten:

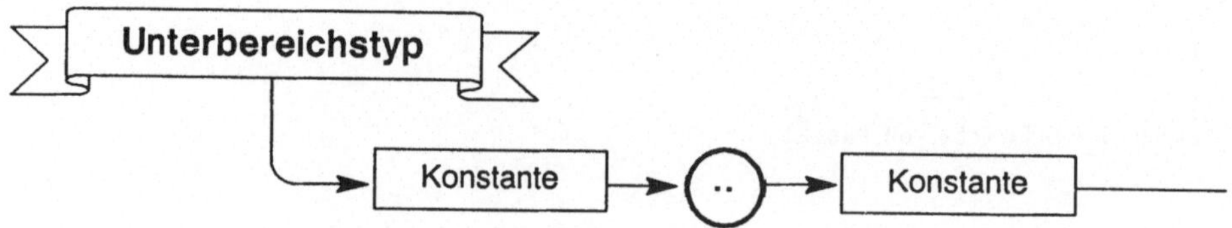

Dabei müssen beide Konstanten von demselben Indextyp sein mit ord(linke Konstante) <= ord(rechte Konstante).

Zur Erinnerung: real ist *kein* Indextyp.

Beispiel 4.3: Typenvereinbarungsteil mit Unterbereichtypen

```
TYPE
  ziffer = '0' .. '9';           { char-Unterbereich    }
  monat = 1 .. 12;               { integer-Unterbereich }
  farbe = ( rot, gelb, blau, orange, gruen, lila );
  primaerfarben = rot .. blau;  { farbe-Unterbereich    }
```

Was kann man denn nun mit diesen Aufzähl- und Unterbereichstypen anfangen? Zunächst einmal kann man Variable mit diesen Werten definieren, wie in Kapitel 1 auf Seite 12. Also z.B.:

Beispiel 4.4: Variablenvereinbarungsteil

```
VAR
  i, j, k : integer;
  mischung : farbe;
  minutenzahl,
  sekundenzahl : 0..59;
  monatzahl : monat;
```

Mit Variablen von Unterbereichstypen kann man rechnen wie mit Variablen des Ursprungstyps. Wenn allerdings der Unterbereich, mit dem sie vereinbart wurden, verlassen wird, ist das Programm an ein unrühmliches Ende geraten und stürzt ab.

Für die Aufzähltypen gibt es die Standardfunktionen ord, succ, pred und die Vergleichsoperatoren, wobei die Ordnung von der Reihenfolge abhängt, in der die Elemente aufgezählt wurden:

Beispiel 4.5: Vergleiche von Aufzähltypen

Für die oben definierten Aufzähltypen gilt:

```
rot < blau
sonntag > montag
ord( rot ) = 0  { der erste Wert }
succ( blau ) = pred( gruen )
```

Leider gibt es in Standard-Pascal keine vordefinierten Ein-/Ausgabemöglichkeiten für Aufzähltypen. Das begrenzt ihre Anwendungsmöglichkeiten.

4.3 Der ARRAY-Datentyp

Als ersten strukturierten Datentyp wollen wir den ARRAY-Datentyp kennenlernen, auch *Feld* genannt. Diesen gibt es auch in BASIC.

```
100 DIM A(100)
110 DIM C%(20,20)
```

Die so vereinbarten Felder kann man in Pascal folgendermaßen deklarieren:

```
VAR
  a : ARRAY [ 0..100 ] OF real;
  c : ARRAY [ 0..20, 0..20 ] OF integer;
```

Das Feld a ist also eine Ansammlung von 101 real-Variablen, die in BASIC jeweils mit den Bezeichnern A(0), A(1), ... A(100) angesprochen werden und in Pascal mit a[0], a[1], ..., a[100]. Das Feld c ist eine 21×21 Matrix von integer-Zahlen:

c[0, 0]	c[0, 1]	.....	c[0,20]
c[1, 0]	c[1, 1]	.....	c[1.20]
⋮	⋮	⋱	⋮
c[20, 0]	c[20, 1]	.....	c[20,20]

Im Speicher wird diese Matrix zeilenweise abgelegt, d.h. c[0,0] ... c[0,20] c[1,0] ..., und diese 441 Variablen lassen sich also mit einer einzigen Vereinbarung generieren. Überall dort, wo im Anweisungsteil eine Variable stehen darf, darf auch eine *indizierte Variable* des entsprechenden Typs stehen.

Außer den eckigen Klammern gibt es aber noch weitere Unterschiede zwischen BASIC und Pascal:

1. Die untere Grenze für den Laufindex ist nicht festgelegt, sondern wird in Pascal vereinbart, wie in:

```
VAR aa : ARRAY[ -50 .. 50 ] OF real;
```

2. Die Grenzen für den Laufindex sind in Pascal *nicht* dynamisch wie in BASIC:

```
100 INPUT "Dimension", N
110 DIM A(N)
```

Diese für BASIC typische Vereinbarung legt das Feld A zur *Laufzeit* des Programms, d.h. dynamisch an. Pascals Felder werden dagegen zur *Übersetzungszeit* angelegt und die Feldgrenzen müssen daher *Konstante* sein.

```
CONST N = 100;
VAR a : ARRAY[ 0..N ] OF real;
```

Die Entscheidung, in Pascal nur "statische Felder" zuzulassen, wurde von Nikolaus Wirth getroffen, damit die Programme schneller werden. Denn alles, was zur Übersetzungszeit ausgeführt werden kann, erhöht die Rechengeschwindigkeit. Diese Einschränkung auf statische Felder kann man als Schwäche von Pascal ansehen, siehe auch Anhang S.

3. Die Laufindizes in BASIC sind real- oder integer-Werte, in Pascal dagegen sind Indextypen zugelassen, zu denen neben integer-Werten auch char-, boolean-, Aufzähl- und Unterbereichstypen zählen.

```
VAR
  anzahl : ARRAY[ char ] OF 0..maxint;
  logOp : ARRAY[ boolean, boolean ] of boolean;
```

Die Syntax eines Array-Datentyps lautet:

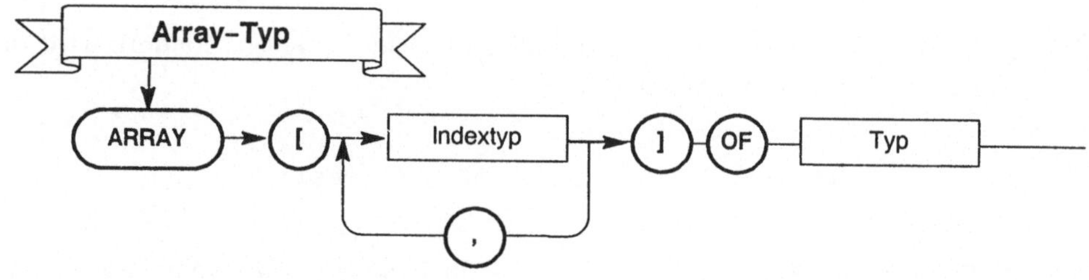

Ein ARRAY-Typ kann auch auf der rechten Seite einer Typvereinbarung auftreten:

```
TYPE
  farbe = ( rot, gelb, blau, orange, gruen, lila );
  farbpreis = ARRAY[ farbe ] OF 0..maxint;
```

An dem folgenden Beispiel soll gezeigt werden, daß sich diese Möglichkeiten in Pascal nutzen lassen, um recht lesbare Programme zu schreiben.

Problem 4.6 (Häufigkeit von Zeichen)

Die relative Häufigkeit von Zeichen auf einer Eingabe-Datei soll gezählt werden und pro Zeichen durch eine entsprechende Anzahl von Sternen zeilenweise dargestellt werden.

Lösung 4.6a

```
PROGRAM ZeichenStatistik( CharDatei, Output );
CONST
  FirstCh = ' ';
  LastCh = '~';
  MaxBreite = 60; { Breite fuer das haeufigste Zeichen }
TYPE
  CharBereich = FirstCh .. LastCh;
  AnzBereich = 0..maxint;
VAR
  ch : char; CharDatei : text;
  Anz : ARRAY[ CharBereich ] OF AnzBereich;
  MaxAnz : AnzBereich;
```

```
13    Breite : 0..MaxBreite;
14  BEGIN
15                                         { Initialisieren }
16    reset( CharDatei );
17    ch := FirstCh;
18    WHILE ch <= LastCh DO BEGIN
19      Anz[ ch ] := 0;
20      ch := succ( ch )
21    END;
22                                         { Einlesen   }
23    WHILE NOT eof( CharDatei ) DO BEGIN
24      read( CharDatei, ch );
25      IF ( FirstCh <= ch ) AND ( ch <= LastCh ) THEN
26        Anz[ ch ] := Anz[ ch ] + 1
27    END; { while }
28                                         { MaxAnz bestimmen }
29    MaxAnz := 0;
30    WHILE ch <= LastCh DO BEGIN
31      IF Anz[ ch ] > MaxAnz THEN
32        MaxAnz := Anz[ ch ];
33      ch := succ( ch )
34    END; { while }
35                                         { Statistik ausgeben }
36    ch := FirstCh; writeln;
37    WHILE ch <= LastCh DO BEGIN
38      write( ch : 3, ' : ' );
39      Breite := round( Anz[ ch ]/MaxAnz*MaxBreite );
40      WHILE Breite > 0 DO BEGIN
41        write( '*' );
42        Breite := Breite - 1
43      END; { while }
44      writeln;
45      ch := succ( ch )
46    END; { while }
47  END.
```

Die Logik des Programms ist recht einfach:

Für jedes Zeichen ch im betrachteten **CharBereich** gibt es eine Variable Anz[ch] für die Anzahl der schon gelesenen derartigen Zeichen. In Zeile 19 wird Anz[ch] mit 0 vorbesetzt und in Zeile 26 jeweils erhöht, wenn ein derartiges Zeichen gelesen wurde.

Da das häufigste Zeichen durch einen Zeilenausdruck von Maxbreite = 60

Sternen "*" gekennzeichnet werden soll, ergibt sich allgemein

$$\texttt{Breite von ch} = \frac{\texttt{Anz[ch]}}{\texttt{MaxAnz}} \cdot \texttt{Maxbreite}$$

In Zeile 28-30 wird daher MaxAnz bestimmt, in 39 jeweils die Breite auf die nächste ganze Zahl gerundet, und dann Stern für Stern ausgegeben.

Dieses Programm läßt sich leicht an Situationen anpassen, in denen z.B. die Häufigkeit von Ziffern oder Kleinbuchstaben ermittelt werden soll. Man braucht in Zeile 3 und 4 nur die entsprechenden Konstanten zu ändern.

4.4 Strings in Pascal

Strings, das englische Wort für *Zeichenketten*, sind das Grundelement der Textverarbeitung. Sie werden gebraucht, um Worte oder Zeilen zu speichern, die aus einzelnen Buchstaben bestehen.

In BASIC ist die Definition von Strings je nach Dialekt anders. In **Microsoft-BASIC** erzeugt die Anweisung

```
10 DIM A$(100)
```

ein Feld von 101 Strings, von denen jeder bis zu 255 Zeichen aufnehmen kann. In NORTHSTAR-BASIC würde damit eine Zeichenkette definiert werden, die bis zu 101 Zeichen lang sein dürfte.

In Standard-Pascal definiert man Strings als Felder von char.

```
TYPE string80 = ARRAY[ 1..80 ] OF char;
```

Auch wenn es keinen vordefinierten Datentyp string in Standard-Pascal gibt, können viele Probleme der Textverarbeitung mit diesen char-Feldern gelöst werden, häufig braucht man aber flexiblere Strings. Wir diskutieren das Problem in Abschnitt 9.4 auf Seite 110. Hier ein "lösbares" Problem:

Problem 4.7 (Zeilenumbruch)

Der Text auf CharDat soll formatiert ausgedruckt werden, d.h. überflüssige Leerzeichen oder EOL-Marken sollen überlesen werden und Wörter, die noch auf die Ausgabezeile passen, sollen auch in dieser Zeile ausgedruckt werden.

Lösung 4.7

Die Lösung soll im Stil der systematischen Programmierung erarbeitet werden.

```
PROGRAM Fill( CharDat, Output );
CONST
```

```
    LeftMargin = 10;
    RightMargin = 65;
  TYPE
    LineLengthRange = 0..120;
  VAR
    Word : ARRAY[ LineLengthRange] OF char; { aktuelles Wort }
    WordLength : LineLengthRange;            { seine Laenge   }
    LineLength : LineLengthRange;     { aktuelle Zeilenlaenge }
    ch : char;

  BEGIN                                      { Initialisieren }
    reset( CharDatei );
    ch := ' '; SkipBlanks;
    BreakLine;
    WHILE NOT eof( CharDatei ) DO BEGIN
      ReadWord;
      IF WordLength + LineLength >= RightMargin THEN
        Breakline;
      WriteWord; write( ' ' );
      LineLength := LineLength + WordLength + 1;
      SkipBlanks
    END; { while }
    BreakLine
  END.
```

Die hier fehlenden Prozeduren zu schreiben, ist eine leichte Übung:

1. SkipBlanks heißt soviel wie “überspringe die Leerzeichen”; d.h. rücke soweit vor, bis das zuletzt gelesene Zeichen ein Wortanfang ist oder die EOF-Marke erreicht ist:

```
PROCEDURE SkipBlanks;
BEGIN
  WHILE NOT ( eof( CharDat )
            OR ( ch <> ' ' )) DO
    read( CharDat, ch )
END; { SkipBlanks }
```

2. Die Aufgabe von ReadWord ist es, ein Eingabe-Wort einzulesen und die Länge des Wortes zu bestimmen:

```
PROCEDURE ReadWord;
BEGIN
  WordLength := 0;
  WHILE NOT ( eof( CharDat ) OR ( ch = ' ' )) DO BEGIN
```

```
      Wordlength := WordLength + 1;
      Word[ Wordlength ] := ch;
      read( CharDat, ch )
    END { while }
  END; { ReadWord }
```

3. Die Aufgabe von `WriteWord` ist es, das eingelesene Wort wieder auszugeben.

```
PROCEDURE WriteWord;
VAR i : LineLengthRange;
BEGIN
  FOR i := 1 TO WordLength DO
    write( Word[i] )
END; { WriteWord }
```

4. Es bleibt die Prozedure `BreakLine`, die einen Zeilenvorschub und das Einrücken um `LeftMargin` Leerzeichen bewirken soll:

```
PROCEDURE BreakLine;
BEGIN
  writeln;
  write( ' ':LeftMargin );
  LineLength := LeftMargin
END; { BreakLine }
```

Soweit unser einfaches Formatierprogramm. Ein Formatierprogramm, das auch Formatierbefehle "versteht", wird in Abschnitt 13.3 hergeleitet.

Aufgaben zu Kapitel 4

Aufgabe 4.1:

Die relative Häufigkeit von Vokalen einer Eingabedatei soll festgestellt werden. Analog zu Problem/Lösung 4.6 verwende dafür einen Aufzähltyp und vergiß die Umlaute nicht, die als *ein* Vokal zählen, auch wenn sie im Text als `ae`, `oe` usw. dargestellt sind.

Kapitel 5

Weitere Kontrollstrukturen

In diesem Kapitel wollen wir noch drei weitere Kontrollstrukturen kennenlernen, die FOR-Schleife, die REPEAT-Schleife und die CASE-Anweisung. Sie alle haben gemeinsam, daß man auch ohne sie auskommt — d.h. man kann sie durch schon bekannte Kontrollstrukturen ersetzen. Programme werden aber durch ihre Verwendung übersichtlicher.

5.1 Die FOR-Schleife

In der Zeichenstatistik, Lösung 4.6a auf Seite 58, haben die WHILE-Schleifen in den Zeilen 17-21, 29-34 und 36-46 dieselbe Struktur:

```
ch := FirstCh;
WHILE ch <= LastCh DO BEGIN
  Anweisung;
  ch := succ( ch )
END; { while }
```

Da derartige Schleifen recht häufig vorkommen, gibt es dafür eine kürzere Form, die FOR-Schleife:

```
FOR ch := FirstCh TO LastCh DO
  Anweisung
```

beziehungsweise

```
FOR ch := FirstCh TO LastCh DO BEGIN
  Anweisung1;
    . . .
  AnweisungN
END; { for }
```

In dieser Schreibweise wird unser Programm deutlich kürzer und klarer:

Lösung 4.6b: (äquivalent zu 4.6a, Seite 58)

```
PROGRAM ZeichenStatistik( CharDatei, Output );
CONST
  FirstCh = ' ';
  LastCh = '~';
  MaxBreite = 60; { Breite fuer das Haeufigste Zeichen }
TYPE
  CharBereich = FirstCh .. LastCh;
  AnzBereich = 0..maxint;
VAR
  ch : char; CharDatei : text;
  Anz : ARRAY[ CharBereich ] OF AnzBereich;
  MaxAnz : AnzBereich;
  Breite : 0..MaxBreite;
BEGIN
                                        { Initialisieren }
  reset( CharDatei );
  ch := FirstCh;
  FOR ch := FirstCh TO LastCh DO
    Anz[ ch ] := 0;
                                             { Einlesen }
  WHILE NOT eof( CharDatei ) DO BEGIN
    read( CharDatei, ch );
    IF ( FirstCh <= ch ) AND ( ch <= LastCh ) THEN
      Anz[ ch ] := Anz[ ch ] + 1
  END; { while }
                                     { MaxAnz bestimmen }
  MaxAnz := 0;
  FOR ch := FirstCh TO LastCh DO
    IF Anz[ ch ] > MaxAnz THEN
      MaxAnz := Anz[ ch ];
                                  { Statistik Ausgeben }
  writeln;
  FOR ch := FirstCh TO LastCh DO BEGIN
    write( ch : 3, ':' );
    FOR breite := round( Anz[ ch ] )/MaxAnz*MaxBreite
                    DOWNTO 1 DO
      write('*');
    writeln
  END { for }
END.
```

Die genaue Syntax der FOR-Schleife lautet:

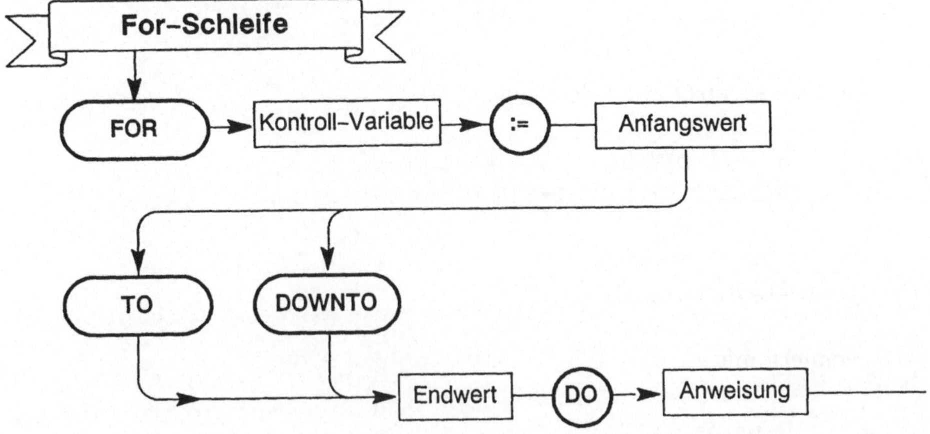

Dazu müssen zusätzlich folgende *Bedingungen* gelten:

1. die Kontrollvariable ist von einen Indextyp und eine lokale Variable bezüglich des Blocks, der der FOR-Schleife übergeordnet ist.

2. Anfangswerte und Endwerte sind Ausdrücke, deren Werte sich der Kontrollvariablen zuweisen lassen. Sie werden vor dem Durchlauf der Schleife ausgewertet und behalten konstant denselben Wert, während die Schleife durchlaufen wird.

Beispiel 5.1:

Seien i und k integer-Variable und k = 5. Dann ist das Programmstück

```
FOR i := k DIV 2 TO k DO
  k := k + i;
```

in Pascal *nicht* äquivalent mit

```
i := k DIV 2;
WHILE i <= k DO BEGIN
  k := k + i;
  i := succ(i)
END;
```

sondern mit

```
iend := k;
i := k DIV 2;
WHILE i <= iend DO BEGIN
  k := k + i;
  i := succ( i )
END;
```

Die erste WHILE-Schleife findet kein natürliches Ende. Die zweite WHILE-Schleife bricht jedoch nach dem vierten Durchlauf ab.

In den meisten BASIC-Dialekten entspricht die FOR-Schleife der ersten Form, während Pascal der zweiten Form entspricht.

3. Im Gegensatz zu BASIC darf der Wert der Kontrollvariablen innerhalb der Schleife nicht verändert werden, d.h. die Kontrollvariable darf dort nicht auf der linken Seite einer Wertzuweisung stehen, nicht in einer read-Anweisung und nicht Kontrollvariable einer inneren FOR-Schleife sein. Mancher Übersetzer "vergißt" allerdings, das zu überprüfen, z.B. TURBO-Pascal.

4. Im Gegensatz zu BASIC ist der Wert der Kontrollvariablen nach Abarbeitung der Schleife *undefiniert*.

5. Im Gegensatz zu BASIC gibt es keine allgemeinen Schrittweiten wie z.B. STEP 2, sondern nur zwei Formen:

   a) die TO-*Form*, die folgender WHILE-Schleife entspricht:

```
Kontrollvariable := Anfangswert;
WHILE Kontrollvariable <= EndWert DO BEGIN
  Anweisung;
  Kontrollvariable := succ( Kontrollvariable )
END
```

b) und die DOWNTO-*Form* entspricht:

```
Kontrollvariable := Anfangswert;
WHILE Kontrollvariable >= EndWert DO BEGIN
  Anweisung;
  Kontrollvariable := pred( Kontrollvariable )
END
```

Die Anweisung wird *keinmal* ausgeführt, wenn in der TO-Form der Anfangswert größer als der Endwert oder in der DOWNTO-Form der Anfangswert kleiner als der Endwert ist.

In vielen BASIC-Dialekten wird die FOR-Schleife mindestens einmal ausgeführt.

5.2 Die REPEAT-Schleife

Eine Schleife, die mindestens einmal durchlaufen wird, sollte man als REPEAT-Schleife formulieren, so z.B. in Lösung 4.7 auf Seite 61 die Prozedur ReadWord. Da vor dem Aufruf von ReadWord stets eof(DCharDat)=false und ch<>' ' ist, kann man auf die Überprüfung der Bedingung beim Betreten der Routine verzichten.

Lösung 4.7b: (ReadWord)

```
PROCEDURE ReadWord;
BEGIN
  WordLength := 0;
  REPEAT
    WordLength := WordLength + 1;
    Word[ WordLength ] := ch;
    read( CharDat, ch )
  UNTIL eof( CharDat ) OR ( ch = ' ' )
END; { ReadWord }
```

Der Abbruch erfolgt also, wenn die Bedingung, die hinter UNTIL steht, erfüllt ist. Außerdem fällt auf, daß die REPEAT-Schleife keine BEGIN – END Klammern braucht.

Das Syntax-Diagramm dazu lautet:

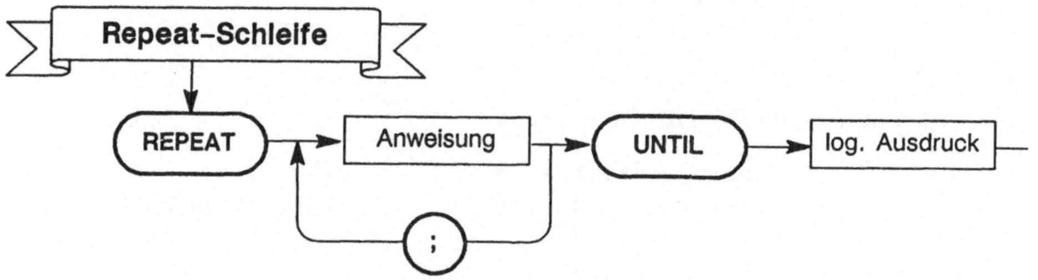

Beim Übersetzen von WHILE-Schleifen in REPEAT-Schleifen muß man die Bedingung für die *Fortsetzung* der WHILE-Schleife ins Gegenteil verkehren, um die Bedingung für den *Abbruch* der REPEAT-Schleife zu erhalten.

5.3 Die CASE-Anweisung

Im Kapitel 2 haben wir gelernt, mit geschachtelten IF-Anweisungen mehrere Fälle zu unterscheiden. Manchmal wünscht man sich aber eine einfachere Schreibweise.

Problem 5.2:

Das Programm Rechner soll einen einfachen Taschenrechner simulieren: ausgehend von einem Ergebnis, das anfangs den Wert Null hat, erwartet er Eingabezeilen mit einem Operator +,-,* oder / und eine integer- oder real-Zahl. Nach Eingabe des Operators = soll das Ergebnis angezeigt werden.

Lösung 5.2a:

```
PROGRAM Rechner( input, output );
VAR
  Operator : char;
  Ergebnis,
  Zahl : real;
BEGIN
  Ergebnis := 0;
  read( Operator );
  REPEAT
    readln( Zahl );
    IF Operator = '+' THEN
```

```
        Ergebnis := Ergebnis + Zahl
      ELSE IF Operator = '-' THEN
        Ergebnis := Ergebnis - Zahl
      ELSE IF Operator = '*' THEN
        Ergebnis := Ergebnis * Zahl
      ELSE IF Operator = '/' THEN
        Ergebnis := Ergebnis / Zahl;
      read( Operator )
    UNTIL Operator = '=';
    writeln( 'Ergebnis: ', Ergebnis )
  END.
```

Mit der CASE-Anweisung wird diese Fallunterscheidung deutlich lesbarer:

Lösung 5.2b:

```
PROGRAM Rechner( input, output );
VAR
  Operator : char;
  Ergebnis,
  Zahl : real;
BEGIN
  Ergebnis := 0;
  read( Operator );
  REPEAT
    readln( Zahl );
    CASE Operator OF
      '+': Ergebnis := Ergebnis + Zahl;
      '-': Ergebnis := Ergebnis - Zahl;
      '*': Ergebnis := Ergebnis * Zahl;
      '/': Ergebnis := Ergebnis / Zahl
    END; { case }
    read( Operator )
  UNTIL Operator = '=';
  writeln( 'Ergebnis: ', Ergebnis )
END.
```

Das Syntax-Diagramm der CASE-Anweisung lautet:

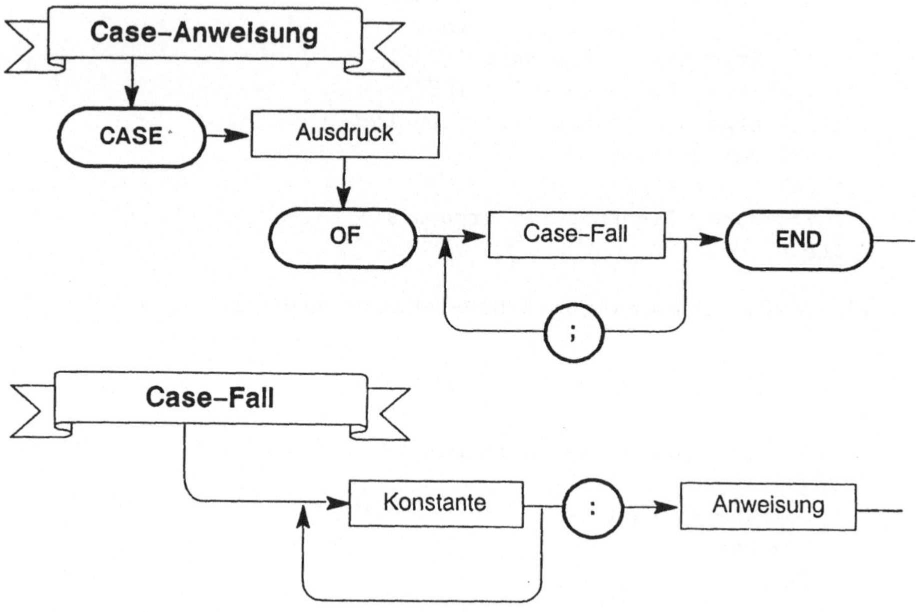

Eine Liste von Konstanten findet man im folgenden Beispiel, in dem für einen Monat zwischen 1 und 12 die Anzahl der Tage ausgerechnet wird, die dieser Monat hat, - vorausgesetzt es ist kein Schaltjahr:

Beispiel 5.3:

```
   . . .
read( Monat );
CASE Monat OF
  1, 3, 5, 7, 8, 10, 12 : AnzTage := 31;
  4, 6, 9, 11           : AnzTage := 30;
  2                     : AnzTage := 28
END;
   . . .
```

Der CASE-Ausdruck und die Konstanten müssen vom selben Indextyp sein. Wenn der Ausdruck einen Wert annimmt, für den es keine Konstante in einem CASE-Fall gibt, so ist das ein Fehler, der zum Abbruch des Programms führt.

Dieser letzte Punkt unterscheidet die CASE-Anweisung von der entsprechenden geschachtelten IF-Anweisung. Schlimmer noch, häufig möchte man alle restlichen Möglichkeiten zu einem OTHERWISE-Fall zusammenfassen. Bei den geschachtelten IF-Anweisungen ist das durch ein weiteres ELSE leicht möglich. Da in der ISO-Norm Stufe 0 dieser OTHERWISE-Fall noch immer nicht enthalten ist, ist es eine *gefährliche Anweisung*, wenn man nicht sicher alle Fälle aufführt.

Würde man in Lösung 5.2b, Seite 69 eine Zeile aus Versehen mit einem anderen Zeichen als +, -, *, / oder = beginnen, so gäbe es einen Fehlerabbruch.

Aus diesem Grund haben viele Pascal-Dialekte die CASE-Anweisung um einen OTHERWISE-Fall erweitert, nur heißt er manchmal ELSE oder OTHERS, siehe auch Anhang S.

Aufgaben zu Kapitel 5

Aufgabe 5.1*: Das Spiel des Lebens

Das "Spiel des Lebens" ist eine Erfindung des englischen Mathematikers *H.L. Conway*. Sie soll die Lebenszyklen einer idealisierten Kolonie von Bakterien simulieren. Die Bakterien leben in den Zellen einer Matrix der Größe size × size. Ein Leerzeichen deutet an, daß eine Zelle unbewohnt ist, ein '*' dagegen, daß die Zelle von einer Bakterie bewohnt ist.

Das Leben und Sterben der Bakterien wird von den folgenden Regeln regiert:

1. Ob eine Bakterie weiterlebt oder stirbt, hängt davon ab, wie viele der 8 Nachbarfelder bewohnt sind:
   (a) eine Bakterie mit nur einem oder gar keinem Nachbarn stirbt an Einsamkeit;
   (b) eine Bakterie mit 4 oder mehr Nachbarn stirbt an Unterernährung;
   (c) sonst lebt die Bakterie weiter.
2. Wenn eine leere Zelle genau drei bewohnte Nachbarzellen hat, so wird dort eine neue Bakterie geboren.
3. Die Zellen am Rand sind unbewohnbar.
4. Alles Sterben und Geborenwerden geschieht gleichzeitig, so daß die Bakterien-Kolonie sich generationsweise fortentwickelt.

Die Anfangssituation soll interaktiv eingelesen werden, und danach soll jeweils eine ganze Zahl eingelesen werden, die angibt, nach wie vielen Generationen wieder ein Ausdruck erfolgen soll. Eine nichtpositive Zahl bricht das Programm ab.

Kapitel 6

Selbstdefinierte Funktionen und Prozeduren

Wir haben in Kapitel 3 parameterlose Prozeduren als "Abkürzung" für einen Block kennengelernt. Diesen Block konnte man sich an jeder Stelle eingefügt vorstellen, an der diese Prozedur aufgerufen wurde.

Funktionen mit einfachen Parametern sind schon aus BASIC bekannt. Diese werden im folgenden Abschnitt 6.1 eingeführt. In Abschnitt 6.2 wird der Gültigkeitsbereich von Variablen in geschachtelten Blöcken diskutiert, und in Abschnitt 6.3 werden rekursiv definierte Funktionen erklärt. Erst in Abschnitt 6.5 wenden wir uns dann der allgemeinen Definition von Funktionen und Prozeduren zu.

6.1 Einfache Funktionen

In BASIC kann man einfache Funktionen mit real-Parametern und real-Ergebnis selbst definieren, z.B.:

```
DEF FNS(X) = SGN(X) + 1
```

In Pascal sieht das so aus:

```
FUNCTION sign1( x : real ) : real;
BEGIN
  IF x > 0 THEN sign1 := 2
  ELSE IF x < 0 THEN sign1 := 0
  ELSE sign1 := 1
END;
```

Dabei bedeutet `x : real`, daß als Parameter der Funktion `s` ein real-Wert zulässig ist und `s( ... ) : real`, daß man `s` im Funktionsrumpf zwischen

BEGIN und END wie einer real-Variablen einen Wert zuweisen kann, der dann als Ergebnis abgeliefert wird. Aber Vorsicht: im Funktionsrumpf darf s *nur* auf der linken Seite, nicht aber auf der rechten Seite einer Anweisung auftreten.

In Pascal sind auch andere Parameter bzw. Ergebnistypen erlaubt. Hier eine Funktion, die überprüft, ob ein Jahr ein Schaltjahr ist.

```
FUNCTION isleap( y : integer ) : boolean;
BEGIN
  IF y MOD 4 <> 0 THEN
    isleap := false
  ELSE IF y MOD 400 = 0 THEN
    isleap := true
  ELSE IF y MOD 100 = 0 THEN
    isleap := false
  ELSE
    isleap := true
END; { isleap }
```

Was passiert bei einen Aufruf wie y := sign1 (13 + 4)?

Der Funktionsname sign1 verhält sich wie eine real-Variable des übergeordneten Blocks und der "formale Parameter" x aus der Definition von sign1 wie eine lokale real-Variable des Funktionsblocks.

Den obigen Aufruf kann man sich dann ersetzt vorstellen durch:

```
BEGIN
  x := ( 13 + 4 );          { Parameteruebergabe       }
  BEGIN                     { Ausfuehrung des Rumpfes  }
    IF x > 0 THEN
      sign1 := 5
    ELSE IF x < 0 THEN
      sign1 := -5
    ELSE
      sign1 := 0
  END;
END;
y := sign1                  { Zuweisung des Ergebnisses }
```

6.2 Der Gültigkeitsbereich von Variablen

Wir unterscheiden jetzt folgende Klassen von Variablen:

lokale Variable, die innerhalb des betrachteten Blocks definiert wurden,

globale Variable, die in einem übergeordneten Block definiert wurden, und *formale Parameter*, die im Prozedur- oder Funktionskopf definiert wurden.

Das folgende Beispiel soll die Unterschiede erläutern

Beispiel 6.1:

```
PROGRAM X ( Input, Output )
VAR a, b, c : integer;
FUNCTION XX( a : integer ) : integer;
VAR b : integer;
FUNCTION XXX( b : integer ) : integer;
VAR c : integer;
BEGIN
  c := a + b;
  XXX := b + c
END; { XXX }
BEGIN
  b := XXX( a )
  c := a + b;
  XX := b + c
END; { X }
BEGIN
  a := 1; b := 2; c := 3;
  a := XX( a );
  writeln( a, b, c )
END.
```

Die Frage zu diesem Beispiel lautet: Was wird ausgedruckt?

Es gibt drei ineinandergeschachtelte Blöcke. Welcher Klasse die drei Variablen a, b, c in dem jeweiligen Block angehört, kann man der folgenden Tabelle entnehmen:

Block von	a	b	c
X	lok. Var.	lok. Var.	lok. Var.
XX	form. Para.	lok. Var.	glob. Var.
XXX	glob. Var.	form. Para.	lok. Var.

Um hier den Überblick zu behalten, muß der Pascal-Übersetzer neu definierte Variablen systematisch im Speicher einrichten. Dies geschieht auf dem Programm-Keller, englisch *program-stack*.

Hier werden die Variablen des Hauptprogramms angelegt. Wird eine Funktion aufgerufen, so werden

- der Rückgabe-Wert,
- die formalen Parameter und dann

- die lokalen Parameter des Blocks

auf diesem Stack abgelegt und nach Verlassen des Blocks werden diese wieder beseitigt. Nach dem Aufruf von XXX sieht der Stack also folgendermaßen aus:

a	lok.Variable von X
b	lok.Variable von X
c	lok.Variable von X
XX	Rückgabe-Variable von XX
a	form. Parameter von XX
b	lok.Variable von XX
XXX	Rückgabe-Variable von XXX
b	form. Parameter von XXX
c	lok.Variable von XXX

Wird daher eine Variable gefunden, so wird der Stack von *unten nach oben* durchsucht, bis sie gefunden wird: die Variable a wird in Block XX gefunden, sie ist also global bezüglich XXX. Die Variable c wird in XXX gefunden, sie ist also lokal — sie *verdeckt* die Variable c in X, die damit von XXX aus nicht zugänglich ist.

Um nun die Frage beantworten zu können, welche Werte Beispiel 6.1 ausdruckt, wollen wir die Veränderung des Stacks beim Abarbeiten des Programms verfolgen. Es wird jeweils der Zustand *nach* Abarbeiten der angegebenen Zeile wiedergegeben:

Zeile	a	b	c	XX	a	b	XXX	b	c
17	1	2	3						
4	1	2	3	?	1	?			
6	1	2	3	?	1	?	?	1	?
9	1	2	3	?	1	?	3	1	2
12	1	2	3	?	1	3			
14	1	2	4	7	1	3			
18	7	2	4						

Also werden die Zahlen 7, 2 und 4 ausgegeben. Dieses Programm war recht unübersichtlich. Das ist zu einem guten Teil darin begründet, daß mit globalen Variablen gearbeitet wurde. Man nennt eine Zuweisung an eine globale Variable einen *Seiteneffekt* eines Funktionsaufrufs (z.B. c := a + b in Zeile 11). Dies gilt als schlechter Programmierstil, da Seiteneffekte leicht übersehen werden. Wenn möglich, sollte man globale Variable daher völlig vermeiden.

6.3 Rekursion

Oft lassen sich mathematische Funktionen elegant formulieren, wenn man sie *selbst* bei ihrer Definition schon verwenden darf. Derartige Definitionen heißen *rekursiv*. Ein Standard-Beispiel ist

Problem 6.2: (die Ackermann-Funktion)

Für ganze Zahlen n, m ≥ 0 ist die Ackermannfunktion wie folgt definiert:

$$\begin{aligned} A(0,n) &= n+1 \\ A(m,0) &= A(m-1,1) \qquad \textit{wenn } m > 0 \\ A(m,n) &= A(m-1,A(m,n-1)) \qquad \textit{wenn } m,n > 0 \end{aligned}$$

Um zu zeigen, wie verzwickt die Auswertung dieser Funktion ist, hier ein Beispiel:

```
A(2,1) = A(1, A(2,0))
  A(2,0) = A( 1,1 ) = A( 0, A(1,0 ))
    A(1,0 ) = A( 0,1 ) = 2
  A(2,0) = A(0,2) = 3
A(2,1) = A(1,3) = A( 0, A(1,2))
  A(1,2) = A( 0,A(1,1))
    A(1,1) = A( 0, A(1,0 ))
      A( 1,0 ) = A( 0,1 ) = 2
    A(1,1) = A( 0,2 ) = 3
  A( 1,2 ) = A( 0,3 ) = 4
A(2,1) = A( 0,4 ) = 5
```

In Pascal kann man auch rekursive Funktionen definieren:

Lösung 6.2a: (rekursive Lösung)

```
FUNCTION Ack1( m, n : integer ) : integer;
BEGIN
  IF m=0 THEN
    Ack1 := n+1
  ELSE IF n=0 THEN
    Ack1 := Ack1( m-1, 1 )
  ELSE
    Ack1 := Ack1( m-1, Ack1( m, n-1 ))
END; { Ackermann }
```

Eine derartige Formulierung ist in Programmiersprachen wie FORTRAN oder BASIC nicht möglich.

Es taucht daher die Frage auf, ob man solche Funktionen auch in diesen Sprachen definieren kann, d.h. ob sich die Rekursion beseitigen läßt. Häufig kann man eine Rekursion in eine Iteration umformen und auch in unserem Beispiel können wir uns so eines Teils der Rekursion entledigen:

Lösung 6.2b:

```
FUNCTION Ack2( m, n :integer ) : integer;
BEGIN
  WHILE m > 0 DO BEGIN
    IF n = 0 THEN
      n := 1
    ELSE
      n := Ack2( m, n-1 );
    m := m - 1
  END; { while }
  Ack2 := n + 1
END; { Ackermann }
```

Diese Lösung läßt sich noch weiter vereinfachen. Die Idee ist dabei, den Rückgabewert der Ackermannfunktion in der (globalen) Variablen n zurückzureichen:

Lösung 6.2c:

```
FUNCTION Ack3( m, n : integer ) : integer;

PROCEDURE Ack3hilf( m : integer );
{ n ist global und enthaelt den R\"uckgabewert }
BEGIN
  WHILE m > 0 DO BEGIN
    IF n = 0 THEN
      n := 1
    ELSE BEGIN
      n := n - 1;
      Ack3hilf( m )
    END;
    m := m - 1
  END; { m = 0 }
  n := n + 1
END; { Ack3hilf }

BEGIN
  Ack3hilf( m );
  Ack3 := n
END;
```

Will man diese Rekursion in eine Iteration umwandeln, so muß man sich jeweils den aktuellen Zustand aufheben und zunächst mit dem *inneren Aufruf* fortfahren. Wenn der innere Aufruf abgearbeitet ist, wird der gerettete Zustand hervorgeholt und damit weitergemacht. Der aktuelle Zustand wird allein vom m repräsentiert, denn n ist ja global. Dieses aktuelle m merken wir uns in einem Stack, der in diesem Fall ein integer-Feld ist. Eine integer-Variable Top enthält den Index des zuletzt abgelegten Wertes.

Lösung 6.2d (aufgelöste Rekursion):

```
FUNCTION Ack4( m, n : integer ) : integer;
CONST MaxTop = 1000;
VAR
  Top : 0..MaxTop;
  Stack : ARRAY[ 1..MaxTop ] OF integer;
PROCEDURE Ack4hilf;
{ m,n : integer sind global }
BEGIN
  { den letzten Zustand holen }
  m := Stack[ Top ]; Top := Top - 1;
  m := m - 1;
  WHILE m > 0 DO BEGIN
    IF n = 0 THEN BEGIN
      n := 1;
      m := m - 1;
    END
    ELSE BEGIN
      n := n - 1;
      { aktuellen Zustand retten }
      Top := Top + 1; Stack[ Top ] := m;
    END;
  END; { while }
  n := n + 1
END; { Ack4hilf }
BEGIN
  Top := 1;
  Stack[ Top ] := m + 1;
  WHILE Top > 0 DO
    Ack4hilf;
  Ack4 := n
END; { Ack4 }
```

Zu Beginn von Ack4hilf wird die letzte Situation vom Stack geholt, d.h. dort fortgefahren, wo in Lösung 6.2c ein Aufruf von Ack3hilf stattfand. Daher lautet die folgende Anweisung m := m - 1. Um das auszugleichen, wird anfangs der Wert m+1 auf den Stack gelegt.

Die Rechenzeiten für die vier Routinen waren eine kleine Überraschung.

Auf einem Olivetti M24 ergaben sich für TURBO-Pascal(Version 3.0) folgende Zeiten in Sekunden:

m	n	Lösung	Ack1	Ack2	Ack3	Ack4
3	6	509	10	6	8	14
3	7	1021	46	27	32	55
3	8	2045	161	108	126	207

Das Vermeiden der Rekursion hat sich also gar nicht gelohnt — der systeminterne Stack ist effizienter als der selbstgebastelte, obwohl in Ack2 jeweils 3 Werte aufgehoben werden müssen: die Parameter m und n und der Rückgabewert.

6.4 Ein Backtrack-Algorithmus für das Acht-Damen-Problem

Mit *Backtrack*-Algorithmus — deutsch Rückzug — bezeichnet man eine Klasse von rekursiven Algorithmen, die alle dieselbe Struktur haben.

Eine Lösung einer "Backtrack-Aufgabe" besteht aus einer Folge von N Schritten, wobei in jedem Schritt eine Auswahl aus M Alternativen getroffen werden muß. Es gibt also N^M Lösungsmöglichkeiten.

Lösungen von Backtrack-Aufgaben haben folgende Eigenschaft:

Eine Folge der Länge N ist dann eine Lösung, wenn die Anfangsfolge der Länge N-1 eine Lösung des "N-1"-Problems ist und im letzten Schritt eine "korrekte Alternative" gewählt wurde.

Diese rekursive Definition einer Lösung erspart es uns, all die vielen Folgen daraufhin zu untersuchen, ob sie wirklich Lösungen sind. Wenn eine Teilfolge keine Teillösung ist, kann man auf die Betrachtung aller darauf aufbauender Folgen verzichten und den Rückzug zu einer noch korrekten, kürzeren Teilfolge antreten. Dieses bezeichnet man als *Backtracking*.

Der Prototyp für alle Backtracking-Verfahren hat folgende Form:

Algorithmus 6.3: (Backtracking)

```
PROCEDURE TesteSchritt( Schritt : integer );
VAR Alternative : integer;
BEGIN
  FOR Alternative := 1 TO LetzteAlternative DO
    IF korrekt( Schritt, Alternative ) THEN BEGIN
      Setze( Schritt, Alternative );
      IF Schritt < letzterSchritt THEN
        TesteSchritt( Schritt+1 )
      ELSE
        Druckeloesung;
      Backtrack( Schritt, Alternative )
```

```
    END; { if-then }
  END; { TesteSchritt }
```

Wir wollen diese Lösungs-Strategie auf das Acht-Damen-Problem anwenden:

Problem 6.4: (Das Acht-Damen-Problem)

Auf einem Schachbrett sollen acht Damen so verteilt werden, daß sie sich nicht gegenseitig bedrohen; d.h. keine zwei Damen befinden sich

1. in derselben Zeile,
2. in derselben Spalte,
3. in derselben Diagonalen, sei es in der Hauptrichtung von links unten nach rechts oben oder die Nebenrichtung von links oben nach rechts unten.

Der Einfachheit halber wollen wir die Damen zeilenweise setzen, d.h. die i'te Dame in die i'te Zeile. Wenn sich schon in den Anfangszeilen Damen bedrohen, kann sich daraus keine Lösung ergeben: also ist es ein typisches Backtrackproblem. Die Alternativen bestehen in den verschiedenen Spalten, in die sich die i'te Dame setzen läßt.

Lösung 6.4a:

```
PROGRAM AchtDamen( Input, Output );
CONST
  letzterSchritt = 8;
  letzteAlternative = 8;
VAR
  Spalte : ARRAY[1..letzterSchritt] OF 1..letzteAlternative;

PROCEDURE DruckeLoesung;
VAR i : integer;
BEGIN
  writeln; writeln;
  write( ' ':10 );
  FOR i := 1 TO letzteAlternative DO
    write( j:2 );
  writeln;
  FOR i := 1 TO letzterSchritt DO
    writeln( i:8, ' ':2, 'D':2*Spalte[i])
END; { DruckeLoesung }

FUNCTION korrekt( Zeile, Alt: integer ): boolean;
VAR i : integer;
```

```
    korr : boolean;
  BEGIN
    korr := true;
    FOR i := 1 TO Zeile-1 DO
      korr := korr AND
      { freie Spalte, }        ( Spalte[i] <> Alt ) AND
      { Hauptdiagonale } ( i - Spalte[i] <> Zeile-Alt ) AND
      { und Nebendiagonale } ( i + Spalte[i] <> Zeile+Alt );
    korrekt := korr
  END; { korrekt }

  PROCEDURE Setze( Zeile, Alternative : integer );
  BEGIN
    Spalte[ Zeile ] := Alternative
  END; { Setze }

  PROCEDURE Backtrack( Zeile, Alternative : integer );
  BEGIN END; { Backtrack }

  { TesteSchritt aus 6.3 hier einfuegen }

  BEGIN
    TesteSchritt(1)
  END.
```

Diese Lösung ist recht aufwendig, da immer wieder überprüft werden muß, ob die entsprechenden Spalten, Haupt- und Nebendiagonalen auch frei sind. Es bietet sich an, solche Informationen abzuspeichern, anstatt sie jedesmal neu zu berechnen. Dies ergibt

Lösung 6.4b:

```
PROGRAM AchtDamen( Input, Output );
CONST letzterSchritt = 8;
      EinsMinusLetzterSchritt = -7;
      letzterMinusEins = 7;
      zweimalLetzterSchritt = 16;
      letzteAlternative = 8;
VAR
  Spalte :
    ARRAY[ 1..letzterSchritt ] OF 1..letzteAlternative;
  freieSpalte :
    ARRAY[ 1..letzterSchritt ] OF boolean;
  freieHauptDiag :
```

```
      ARRAY[ EinsMinusLetzterSchritt..letzterMinusEins ]
                                        OF boolean;
    freieNebenDiag :
      ARRAY[ 2..zweimalLetzterSchritt ] OF boolean;
    i : integer;

  PROCEDURE DruckeLoesung;
  VAR i,j : integer;
  BEGIN
    writeln; writeln;
    write( ' ':10 );
    FOR i := 1 TO letzteAlternative DO write( j:2 );
    writeln;
    FOR j := 1 TO letzterSchritt DO
      writeln( i:8, ' ':2, 'D':2*Spalte[i])
  END; { DruckeLoesung }

  FUNCTION korrekt( Zeile, Alternative : integer ):boolean;
  BEGIN
    korrekt := freieSpalte[ Alternative ] AND
               freieHauptDiag[ Zeile-Alternative ] AND
               freieNebenDiag[ Zeile+Alternative ]
  END; { korrekt }

  PROCEDURE Setze( Zeile, Alternative : integer );
  BEGIN
    Spalte[ Zeile ] := Alternative;
    freieSpalte[ Alternative ] := false;
    freieHauptDiag[ Zeile-Alternative ] := false;
    freieNebenDiag[ Zeile+Alternative ] := false
  END; { Setze }

  PROCEDURE Backtrack( Zeile, Alternative : integer );
  BEGIN
    freieSpalte[ Alternative ] := true;
    freieHauptDiag[ Zeile-Alternative ] := true;
    freieNebenDiag[ Zeile+Alternative ] := true
  END; { Backtrack }

  { Hier TesteSchritt einfuegen }
  PROCEDURE TesteSchritt( Schritt : integer );
  VAR Alternative : integer;
  BEGIN
    FOR Alternative := 1  TO LetzteAlternative DO
```

```
      IF korrekt( Schritt, Alternative ) THEN BEGIN
        Setze( Schritt, Alternative );
        IF Schritt < letzterSchritt THEN
          TesteSchritt( Schritt+1 )
        ELSE
          Druckeloesung;
        Backtrack( Schritt, Alternative )
      END; { if-then }
  END; { TesteSchritt }

  BEGIN { Achtdamen }
    FOR i := 1 TO letzterSchritt DO BEGIN
      freieSpalte[i] := true;
      freieHauptDiag[1-i] := true;
      freieHauptDiag[1+i] := true;
      freieNebenDiag[1+i] := true;
      freieNebenDiag[letzterSchritt+i ] := true
    END; { for }
    TesteSchritt(1)
  END. { Achtdamen }
```

Am Beispiel des Acht-Damen-Problems haben wir gezeigt, wie sich das allgemeine Schema eines Backtrack-Algorithmus mit Leben füllen läßt. Diese Lösung 6.4b ist aber noch längst nicht optimal, denn es werden auch symmetrische Lösungen neu berechnet; leichter lassen sie sich durch Drehungen und Spiegelungen aus einer gefundenen Lösung ableiten. Aus den 12 Grundlösungen des Acht-Damen-Problems entstehen so 92 Lösungen.

Ähnliche Backtrackprobleme behandelt Niklaus Wirth in "Algorithmen und Datenstrukturen", siehe [Wirth75], wie das Springerproblem, das Problem der stabilen Heirat oder das optimale Auswahlproblem. Auch Backtrack-Algorithmen lassen sich nichtrekursiv programmieren. Siehe dazu Aufgabe 6.2 auf Seite 87, in der "abwechslungsreiche Folgen" generiert werden.

6.5 Variablen-Parameter

In den Funktionen, die wir bisher kennengelernt haben, werden Werte als Parameter in die Funktion hineingereicht und der Wert der Funktion herausgereicht. Solange eine Funktion nur *ein* Ergebnis hat, reicht das aus. Aber wie löst man

Problem 6.5:

Schreibe eine Funktion, welche die Werte zweier `integer`-Variablen vertauscht: angewendet auf die Variablen a und b soll nach dem Aufruf a den Wert von b und b den Wert von a haben.

Mit den bisherigen Mitteln läßt sich das nicht durchführen, da hier *zwei* Ergebnisse *einer* Funktion herausgereicht werden müssen. Dies können wir aber erreichen, indem wir neben den bisherigen Wert-Parametern, über die ein Wert hineingereicht wird, auch Variablen-Parameter zulassen, mit denen ein Variablenname übergeben wird.

Definiert seien zwei Funktionen, die erste mit Wert-Parametern und die zweite mit Variablen-Parametern:

```
FUNCTION plus1( a: integer ) : integer;
BEGIN
  a := a + 1;
  plus1 := a
END;
```

und

```
FUNCTION plusone( VAR a: integer ) : integer;
BEGIN
  a := a + 1;
  plusone := a
END;
```

Für die integer-Variablen x und y ergibt

```
x := 2;
y := plus1( x );
```

als Resultat x=2 und y=3, denn dem formalen Parameter a wurde der Wert von x, also 2, zugewiesen und dann der Funktionsrumpf ausgeführt.

Der Aufruf

```
x := 2;
y := plusone( x );
```

ergibt dagegen x=3 und y=3, denn der formale Parameter a wurde mit dem aktuellen Parameter der Variablen x *identifiziert* und dann der Funktionsrumpf ausgeführt.

Mit diesem Hilfsmittel läßt sich nun Aufgabe 6.5 lösen.

Lösung 6.5:

```
PROCEDURE Austausch( VAR x, y : integer );
VAR hilf : integer;
BEGIN
```

```
    hilf := x;
    x := y;
    y := hilf
  END; { Austausch }
```

Prozedur- und Funktionsvereinbarungen sind folgendermaßen definiert:

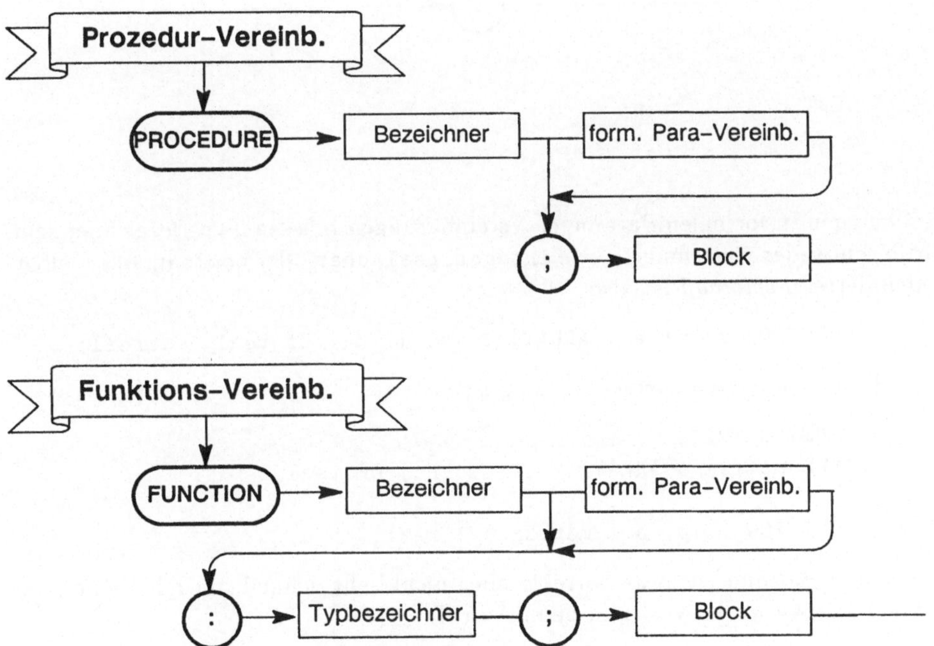

Die formalen Parameter vereinbart man so:

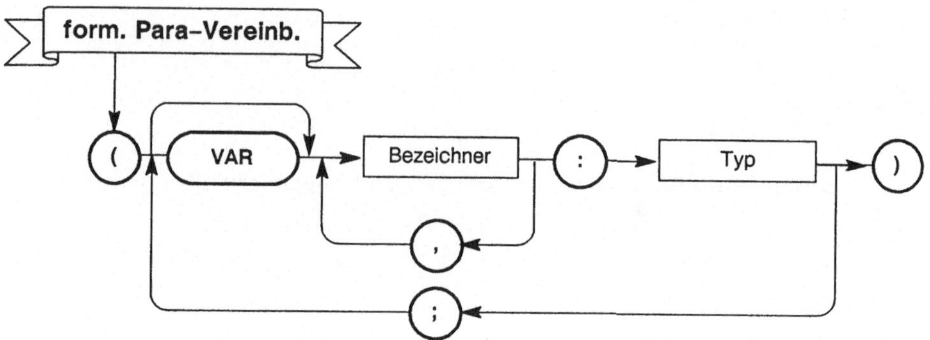

Typen in formalen Parameter-Vereinbarungen müssen Typ-Bezeichner sein, d.h. entweder vordefinierte, wie integer, real, char oder boolean, oder selbstdefinierte. *Fehlerhaft* ist also

```
FUNCTION norm( a : ARRAY[ 1..N, 1..N ] Of real ) : real;
```

Eine syntaktisch *korrekte* Lösung ist

```
CONST N = 21;
TYPE matrix = ARRAY[ 1..N, 1..N ] OF real;

FUNCTION norm( a : matrix ) : real;
```

Diese Lösung ist zwar korrekt, aber nicht sehr schnell, da lokal eine neue Matrix eingerichtet wird und beim Aufruf

```
normb := norm( b )
```

implizit die Zuweisung a := b erfolgt, die *alle* Matrixelemente kopiert.
Wenn man nicht eine Kopie der Matrix braucht, schreibt man also am besten:

```
FUNCTION norm( VAR a : matrix ) : real;
```

Beim Aufruf normb := norm(b) findet dann eine *Identifizierung* des *aktuellen* Parameters b mit dem formalen Parameter a statt.

Syntaktisch gesehen ist ein Prozeduraufruf eine Anweisung und ein Funktionsaufruf ein Faktor innerhalb eines Ausdrucks. Die formale und die aktuelle, d.h. beim Aufruf stehende Parameterliste müssen übereinstimmen, d.h.

- ein formaler Variablen-Parameter erfordert eine Variable des vereinbarten Typs und
- ein formaler Wert-Parameter erwartet einen Ausdruck, der einen Wert des vereinbarten Typs abliefert.

Darüberhinaus gibt es in der ISO-Norm weitere Parameter-Typen:

1. *Funktions- und Prozedur-Parameter*, die es gestatten, Funktionen bzw. Prozeduren als Parameter zu überreichen und
2. *konformante Felder*, d.h. Felder, die eine variable Anzahl von Elementen haben. Da die Anzahl der Elemente eines Feldes sonst zum Typ dazugehört, brauchte man für die Multiplikation von Matrizen verschiedener Größe in einem Programm verschiedene Routinen. Diese Schwäche von `Pascal` wird mit den konformanten Feldern überwunden.

Auf diese beiden Parameter-Typen gehen wir deshalb nicht weiter ein, weil sie in vielen `Pascal`-Übersetzern nicht vorhanden sind, so z.B. auch nicht in TURBO-`Pascal`.

Aufgaben zu Kapitel 6:

Aufgabe 6.1*: (Türme von Hanoi)

In einem Tempel von Hanoi sind die Mönche mit folgender Aufgabe beschäftigt: auf einem Stab sind N goldene kreisrunde Scheiben aufsteigender Größe aufgesteckt. Diese sollen auf einen zweiten Stab gebracht werden.

Die Regeln, nach denen die Scheiben bewegt werden dürfen, sind die folgenden:

1. es darf immer nur eine Scheibe bewegt werden,
2. es darf nie eine größere auf einer kleineren Scheibe liegen und
3. es darf dabei ein dritter Stab benutzt werden.

Schreibe ein rekursives Programm.

Aufgabe 6.2:

Eine Folge der Ziffern `0..m` heißt ab heute *abwechslungsreich*, wenn keine aneinandergrenzenden Teilfolgen übereinstimmen. Generiere diese Folgen in alphabetischer Reihenfolge, bis eine abwechslungsreiche Folge der Länge `n` generiert ist.

Aufgabe 6.3:

Auf der Input-Datei befindet sich ein `integer`-Ausdruck der folgenden Bauart:

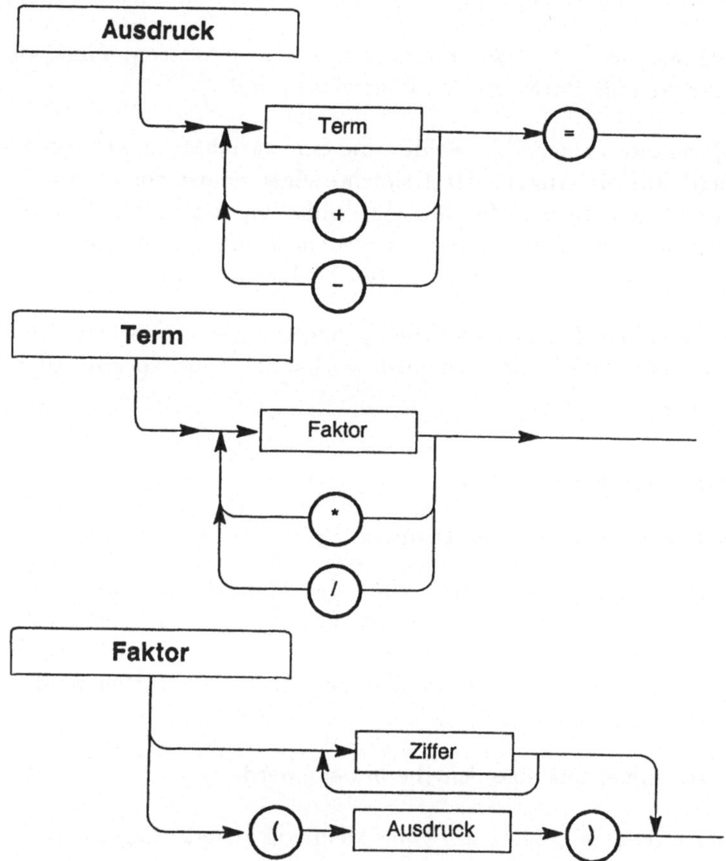

Schreibe eine (rekursive) Routine, die einen derartigen Ausdruck einliest und auswertet.

Kapitel 7

Sortierverfahren

In diesem Kapitel wollen wir drei bekannte Sortierverfahren diskutieren, programmieren und vergleichen. Sortierverfahren gibt es viele und die Literatur darüber füllt inzwischen ganze Bände. Wir verzichten darauf, die drei Verfahren zu erklären, und verweisen auf die Literatur, z.B. [Gonnet84].

Am Beispiel der Sortierverfahren wollen wir in diesem Kapitel über den Sinn und die Notwendigkeit von Testumgebungen sprechen.

7.1 Eine Testumgebung für Sortierverfahren

Leider nimmt beim Programmieren das Testen erstellter Programme viel Zeit in Anspruch, da Programme selten auf Anhieb fehlerfrei sind. Solange es sich nur um syntaktische Fehler handelt, wird uns der Übersetzer schon helfen, diese zu finden. Schwieriger sind logische Fehler im verwendeten Algorithmus. Diese kann man nur finden, wenn man die Routinen in der Umgebung, für die sie geschrieben sind, auch wirklich ausprobiert. Allerdings sollte man das geflügelte Wort von Professor Edsgar Dijkstra dabei nicht vergessen:

> Testen kann nur die Anwesenheit von Fehlern zeigen,
> aber nicht ihre Abwesenheit.

Es gibt nämlich immer wieder Berichte, daß Routinen, die bereits jahrelang erfolgreich im Einsatz waren, sich in einer neuen, erstmals auftretenden Situation als fehlerhaft erwiesen. Denn all die astronomisch vielen Situationen kann man gar nicht einzeln überprüfen.

Wenn aber das Testen einen solch breiten Raum bei der Programmentwicklung einnimmt, dann sollte man zu Beginn eine Testumgebung, auch Testbett genannt, konzipieren und entwickeln, um die Routinen zu überprüfen.

In unserem Fall verfolgen wir noch ein weiteres Ziel: wir wollen Sortieralgorithmen vergleichen. Dazu müssen nicht nur jeweils die gleichen Testbedingungen vorhanden sein, es muß auch ein Vergleichsmaßstab zur Verfügung stehen: die Anzahl der benötigten Vergleiche und Zuweisungen.

Außerdem sollen die Sortierverfahren universell einsetzbar sein, d.h. sie sollen vom Typ des zu sortierenden Feldes und von dem "Sortierschlüssel" unabhängig sein, d.h. der Information innerhalb eines jeden Elements, nach der sortiert werden soll. Daher geschieht der Zugang zu dem Feld über die Routinen `Let` und `Compare`:

Beispiel 7.1: (Ein Testbett)

```
PROGRAM SortTest( input, output );
CONST N = 1000; { der groeszte Index }
TYPE Index = 0..N; { die Indexmenge }
VAR AnzComp : real; { die Anzahl der Vergleiche }
    AnzLet : { die Anzahl der Zuweisungen }
    a : ARRAY[ Index ] OF Index;

FUNCTION Compare( i, j : Index ) : integer;
BEGIN
  AnzComp := AnzComp + 1;
  Compare := a[i] - a[j]
END; { Compare }

PROCEDURE Let( i, j : Index );
BEGIN
  AnzLet := AnzLet + 1;
  a[i] := a[j]
END; { Let }
```

Der Prozeduraufruf `Let( i,j )` bewirkt also die Zuweisung `a[i] := a[j]`; die Sortierroutine braucht daher den Namen und den Typ des Feldes nicht zu kennen. Außerdem wird bei jedem Aufruf die entsprechende Variable `AnzLet` erhöht, die damit die Anzahl der Zuweisungen enthält. Diese ist als `real`-Variable vereinbart worden, da wir damit rechnen müssen, daß bei großen Feldern mehr als `maxint` Zuweisungen nötig sind.

Die Funktion `Compare( i,j )` ist

< 0, wenn `a[i]<a[j]`
$= 0$, wenn `a[i]=a[j]`
> 0, wenn `a[i]>a[j]`

Problem 7.2:

Erzeuge eine Feld `a` mit Index `1..N`, das die Werte von 1 bis `N` enthält in einer zufälligen Reihenfolge.

Eine Lösung besteht darin, ein sortiertes Feld zu mischen:

Lösung 7.2:

```
PROCEDURE GenTestFeld( Anz, up : Index );
VAR i, j : integer;
    temp : Index;
    seed : real;

  FUNCTION random : real;
  { liefert einen zufaelligen Wert aus [0,1) }
  BEGIN
    seed := ( 16489 * seed + 13839 )/4096;
    seed := seed - trunc( seed );
    random := seed
  END; { random }

BEGIN { GenTestFeld }
  FOR i := 1 TO Anz DO BEGIN
    j := 1 + trunc( n*random )
    Temp := a[i];
    a[i] := a[j];
    a[j] := Temp
  END;
  AnzComp := 0;
  AnzLet := 0
END; { GenTestFeld }
```

Mit dem Parameter up wird die Größe des Feldes angegeben. Anz eröffnet die Möglichkeit, den Grad der Unordnung des Feldes anzugeben. Für kleines Anz wird das Feld bis auf diese wenigen Vertauschungen richtig sortiert sein, während für Anz=up vollständige Unordnung herrschen dürfte, da jedes Element mindestens einmal vertauscht wurde.

7.2 InsertionSort

Dieses einfache Sortierverfahren geht jeweils davon aus, daß die ersten (i-1) Elemente schon aufsteigend geordnet sind. Das i'te Element wird aus dem Feld genommen und zwischengespeichert. Alle Elemente, die größer als das zwischengespeicherte Element sind, werden um eine Position nach rechts bewegt, so daß sich die Lücke nach links bewegt. Anschließend wird das zwischengespeicherte Element in diese Lücke eingefügt und steht damit an der richtigen Stelle.

Beispiel 7.3: (InsertionSort)

```
PROCEDURE InsertionSort( low, up : Index );
```

```
LABEL 999;
CONST temp = 0;
VAR i, j : Index;
BEGIN
  FOR i := low+1 TO up DO BEGIN
    Let( temp, i );
    WHILE j > low DO BEGIN
      IF Compare( temp, j-1 ) < 0 THEN BEGIN
        Let( j, j-1 );
        j := j - 1
      END { if-then }
      ELSE
        GOTO 999; { break }
    END; { while }
    999:
    Let( j, temp )
  END; { for }
END; { InsertionSort }
```

7.3 ShellSort

Wie man unschwer erkennt, liegt der Nachteil des `InsertionSort` darin, daß relativ viele Verschiebungen nötig sind, wenn ein Element weit von seinem "richtigen" Platz entfernt steht. Um dieses Problem zu beheben, hat *Donald Shell* im Jahre 1959 vorgeschlagen, den Einfügungsvorgang mit größeren Schrittweiten vorzunehmen, diese dann immer kleiner werden zu lassen, bis für Schrittweite=1 der `ShellSort` in den `InsertionSort` übergeht.

Es sind verschiedene Folgen von Schrittweiten vorgeschlagen worden, um ein Feld der Länge `N` zu sortieren. Dabei hat sich die Folge $d_{n+1} = \mathtt{trunc}(d_n * \alpha)$ mit $\alpha = 0.45454$ empirisch als besonders gut erwiesen.

Beispiel 7.4: (ShellSort)

```
PROCEDURE ShellSort( low, up : Index );
LABEL 999;
CONST temp = 0;
VAR d, { Schrittweite }
    i, j : Index;
BEGIN
  d := up - low + 1;
  { Bestimmen der neuen Schrittweite }
  WHILE d > 1 DO BEGIN
    IF d < 5 THEN
```

```
      d := 1
    ELSE
      d := trunc( 0.45454*d );
    { Einfuegen mit Schrittweite d: }
    FOR i := low + d TO up DO BEGIN
      Let( temp, i );
      j := i;
      WHILE j >= low+d DO BEGIN
        IF Compare( temp, j-d ) < 0 THEN BEGIN
          Let( j, j-d );
          j := j - d
        END { if-then }
        ELSE
          GOTO 999 { break }
      END; { while }
      999:
      Let( j, temp )
    END { for }
  END { while }
END; { ShellSort }
```

7.4 QuickSort

Dieses Verfahren wurde 1962 von *C.Hoare* [Hoare62] veröffentlicht. Auch QuickSort versucht das Problem der langen Wege zu lösen, allerdings auf eine andere Art als ShellSort.

Im *ersten* Teil des Quicksort-Verfahrens wird das zu sortierende Feld *in zwei Teile zerlegt*: einen unteren Teil mit Elementen, die kleiner oder gleich einem Schlüsselwert temp sind, und einen oberen Teil mit Elementen, die größer oder gleich temp sind.

Im *zweiten Teil* ist es dann nur noch nötig, die beiden Teilfelder zu sortieren. Deshalb können wir QuickSort rekursiv formulieren:

Beispiel 7.5:

```
PROCEDURE QuickSort( low, up : Index );
CONST temp = 0;
VAR i, j : Index;
BEGIN
  WHILE up - low > 0 DO BEGIN
    i := low;
    j := up;
    Let( temp, low );
```

```
    WHILE i < j DO BEGIN
      WHILE Compare( temp, j ) < 0 DO
        j := j - 1;
      Let( i, j );
      WHILE ( i < j ) AND ( Compare( i, temp ) <= 0 ) DO
        i := i + 1;
      Let( j, i )
    END; { while }
    Let( i, temp );
    QuickSort( low, i-1 );
    low := i + 1
  END { while }
END; { QuickSort }
```

7.5 Ein Vergleich der Sortierverfahren

Die Anzahl der Vergleiche `AnzComp` und die Anzahl der Zuweisungen `AnzLet` repräsentieren den Rechenaufwand der Verfahren. Wir beschränken uns auf die Vergleiche, da sie häufig die Kosten dominieren.

Für ein Feld der Länge n mit zufällig angeordneten Elementen, gibt es die folgenden theoretischen Resultate, siehe [Gonnet84]:

Verfahren	asymptotische Ordnung der Vergleiche
`InsertionSort`	$0.25n^2$
`ShellSort`	$1.75n^{1.19}$
`QuickSort`	$2n \ln n$

Die Tests bestätigten diese Werte

Verfahren	n=10	100	1000	10000
`InsertionSort`	28	2602	239.773	> 20 Millionen
`ShellSort`	29	739	13.286	234.254
`QuickSort`	36	883	14.509	205.723

Für die kleinen Felder siegt die Einfachheit des `InsertionSort`, für mittelgroße Felder der bessere Faktor von `ShellSort` und erst für sehr große Felder gewinnt die bessere Ordnung von Quicksort.

Kapitel 8

Weitere strukturierte Datentypen

In diesem Kapitel wollen wir zwei weitere strukturierte Datentypen kennenlernen, den RECORD, deutsch Datensatz, und den SET, deutsch Menge. Für beide Datentypen gibt es in BASIC keine Entsprechung.

Während das ARRAY eine Folge *gleicher* Datentypen definiert, hat man mit dem RECORD die Möglichkeit, *verschiedene* Datentypen zu einem Ganzen zusammenzufassen.

8.1 RECORD-Typen

Ein Datensatz oder RECORD besteht aus einzelnen Feldern, so z.B.:

```
TYPE
  Datum = RECORD
   Tag   : 1..31;
   Monat : 1..12;
   Jahr  : 1885..2000
  END; { DatumTyp }
VAR
  Geburtstag : Datum;
```

Nach dieser Definition besteht der Datensatz Geburtstag aus den drei Feldern:

Geburtstag.Tag	vom Typ	1..31
Geburtstag.Monat	vom Typ	1..12
Geburtstag.Jahr	vom Typ	1885..2000

Diese Felder kann man dann wie gewöhnliche Variable verwenden:

```
read( GeburtsTag.Jahr );
GeburtsTag.Monat := 9;
GeburtsTag.Tag := GeburtsTag.Jahr MOD 30;
```

Die Syntax für RECORDs lautet:

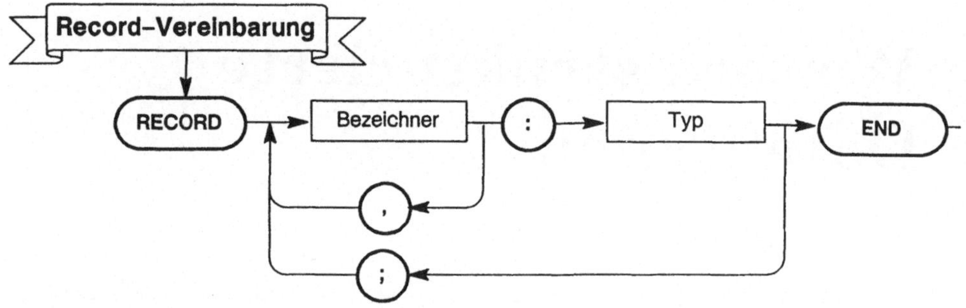

Etwas anspruchsvoller ist das Beispiel eines Personen-Datensatzes:

Beispiel 8.1a (Personen-Datensatz)

```
TYPE
  string12 = PACKED ARRAY[ 1..12 ] OF char;
  Adresse = RECORD
    StrasseNr,
    Stadt        : string12;
    PLZ          : 0..9999
  END; { Adresse }
  Person = RECORD
    Nachname,
    Vorname   : string12;
    Geburtstag : RECORD
      Tag   : 1..31;
      Monat : 1..12;
      Jahr  : 1885..2000
    END; { Geburtstag }
    Anschrift : Adresse
  END; { Person }
VAR Ducks : ARRAY[ 1..W ] OF Person;
```

Records lassen sich also ineinander schachteln, wie beim Geburtstag des Typs Person. Dies ist auch für andere strukturierte Datentypen möglich, d.h. man kann RECORDs von Feldern haben, wie string12, oder Felder von RECORDs, wie die Familie der Ducks. Je mehr geschachtelt wird, desto länger werden die Variablennamen:

Beispiel 8.1b:

```
Duck[1].Vorname :=  'Dagobert    ';
Duck[1].Adresse.Stadt := 'Entenhausen ';
Duck[1].GeburtsTag.Monat := 4
```

8.2 Die WITH-Anweisung

Um das Arbeiten mit Records zu erleichtern, gibt es die WITH-Anweisung. Anstelle von 8.1b kann man auch schreiben:

Beispiel 8.1c:

```
WITH Duck[1] DO BEGIN
  Vorname := 'Dagobert    ';
  Adresse.Stadt := 'Entenhausen ';
  GeburtsTag.Monat := 4
END; { with }
```

Die entsprechende Syntax lautet:

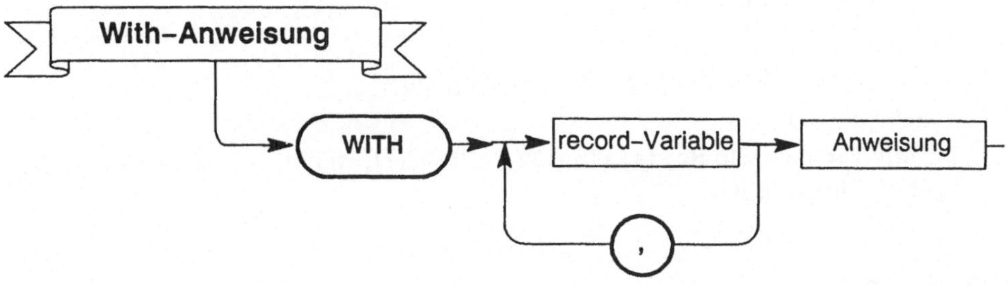

Dabei ist WITH Rec1, Rec2 DO Anweisung äquivalent zu

WITH Rec1 DO WITH Rec2 DO Anweisung.

Wir können also auch schreiben

Beispiel 8.1d:

```
WITH Duck[1], Adresse, GeburtsTag DO BEGIN
  Vorname := 'Dagobert    ';
  Stadt := 'Entenhausen ';
  Monat := 4
END
```

Man kann sich leicht Konflikte bei den Bezeichnern vorstellen:

1. Wenn ein Feld denselben Namen wie eine Variable hat, z.B.

   ```
   VAR A : integer;
       B : RECORD
         A, B : char
       END
   ```

   Dann ist nach

   ```
   WITH B DO
   ```

   die `integer`-Variable `A` "verdeckt".

2. Wenn sowohl das Feld `GeburtsTag` als auch `HeiratsTag` vom Typ Datum existiert, dann wird nach

   ```
   WITH GeburtsTag, HeiratsTag DO
   ```

   mit `Tag` das Feld `HeiratsTag.Tag` adressiert, weil dieses das innere in der Schachtelung ist.

8.3 Mengen

Eine Menge ist ein Datentyp, der sehr stark einem boolschen Feld ähnelt: es wird festgehalten, ob ein Element in der jeweiligen Menge enthalten ist (`true`) oder ob nicht (`false`).

Hier sind beide Vereinbarungen:

Beispiel 8.2a

```
TYPE MengenTyp = SET OF char;
     Feldtyp = ARRAY[ char ] OF boolean;
VAR Menge : MengenTyp;
    Feld : FeldTyp;
```

Der Basistyp von Mengen muß dabei grundsätzlich ein Indextyp sein. Die Zuweisung von Mengenwerten kann dann so aussehen:

Beispiel 8.2b (äquivalente Zuweisungen)

```
Menge := [ 'A','B','C','D','E' ];
Menge := [ 'A'..'E' ];
FOR ch := 'A' TO 'E' DO
  Feld[ ch ] := true;
```

Die allgemeine Syntax für Mengenwerte lautet:

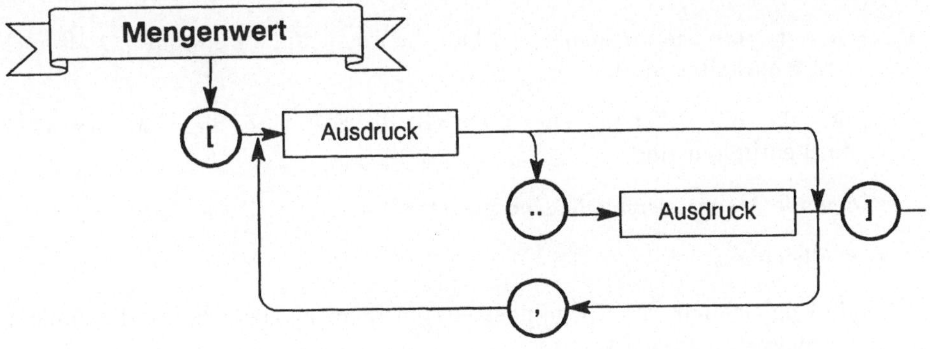

Der Test, ob ein Element in einer Menge enthalten ist, hat dann die folgende Form:

Beispiel 8.2c (äquivalente Tests)

```
ok := ch IN Menge;
ok := Feld[ ch ]
```

Da sich Mengen so leicht aufschreiben lassen, können wir jetzt manche Bedingung eleganter fassen:

Anstelle von	jetzt
`( '0' <= ch ) AND ( ch <= '9' )`	`ch IN [ '0'..'9' ]`
`( 'a' <= ch ) AND ( ch <= 'z' ) OR ( 'A' <= ch ) AND ( ch <= 'Z' )`	`ch IN [ 'a'..'z', 'A'..'Z' ]`
`( ch = 'a' ) OR ( ch = 'e' ) OR ( ch = 'i' ) OR ( ch = 'o') OR ( ch = 'u' )`	`ch IN [ 'a','e','i','o','u' ]`

Für Mengen sind eine Reihe von Operationen möglich. Seien A, B und C Mengen des gleichen Typs. Dann gilt:

C := A + B ; die *Vereinigungsmenge* C enthält die Elemente von A und B.

C := A * B ; die *Schnittmenge* C enthält die Elemente, die sowohl in A als auch in B enthalten sind.

C := A - B ; die *Differenzmenge* C enthält die Elemente, die in A, aber nicht in B enthalten sind.

Folgende *Mengenvergleiche* sind gestattet:

A = B Gleichheit;

A <> B Ungleichheit: Es gibt mindestens ein Element, das nicht in der anderen Menge enthalten ist;

A <= B Enthaltensein: Dieser logische Ausdruck liefert `true`, wenn alle Elemente von A auch in B enthalten sind, sonst `false`.

A >= B Obermenge: entspricht B <= A.

Mengen sind also recht komfortable Sprachmittel. Leider lassen es aber nicht alle Pascal-Implementationen zu, daß ein SET OF char definiert wird, weil die Basismenge auf weniger als 128 Elemente begrenzt ist. Für portable Programme, d.h. Programme, die auf verschiedenen Rechnern laufen sollen, sollte man lieber auf SET OF char verzichten und sie durch boolsche Felder ersetzen.

Beispiel 8.3 (Parser)

Es soll eine allgemeine Funktion geschrieben werden, welche diejenigen Zeichenketten vom Input herausfiltert, die einer vorgeschriebenen Bauart genügen; die

anfangen mit einem Zeichen A aus einer Anfangsmenge,

fortgesetzt werden mit jedem Zeichen I aus einer Inhaltsmenge,

beendet werden, sobald ein Zeichen auftaucht, das nicht zur Anfangs- oder Inhaltsmenge gehört.

Es ist naheliegend, diese Aufgabe mit SET OF char Mengen zu lösen. Um die Portabilität sicherzustellen, verwenden wir statt dessen ein Feld:

```
PROGRAM Parser( Input, Output );
TYPE
  ZeichenKlasse = ( Anfang, Inhalt, Ende );
  Klassentyp = PACKED ARRAY[ char ] OF ZeichenKlasse;
VAR
  Klasse : KlassenTyp;
  ch : char;

PROCEDURE Kopiere( VAR von, nach : text;
                   VAR Klasse : KlassenTyp );
VAR ch : char;
BEGIN
  WHILE NOT eof(von) DO BEGIN
    read( von, ch );
    IF Klasse[ ch ] = Anfang THEN
      REPEAT
        write( nach, ch );
        read( von, ch )
      UNTIL ( Klasse[ ch ] = Ende ) OR eof( von );
    IF eof( von ) THEN
      writeln( nach, ch )
  END { while }
END; { Kopiere }

BEGIN { Klasse fuer Identifier initialisieren ! }
  FOR ch := chr( 0 ) To chr( 127 ) DO Klasse[ ch ] := Ende;
  FOR ch := 'a' TO 'z' DO Klasse[ ch ] := Anfang;
  FOR ch := 'A' TO 'Z' DO Klasse[ ch ] := Anfang;
  FOR ch := '0' TO '9' DO Klasse[ ch ] := Inhalt;
  Kopiere( Input, Output, Klasse )
END.
```

Kapitel 9

Modularisierung

In diesem Kapitel wollen wir das Thema der *Programmiermethodik* wieder aufgreifen, das wir im dritten Kapitel über strukturierte Programmierung schon berührt hatten.

Die Methode der "schrittweisen Verfeinerung", die dort vorgestellt wurde, mag für überschaubare Probleme genügen. Sobald aber die Programme den Rahmen von zwei bis drei Seiten überschreiten, muß der Entwurf des Programms durch das Prinzip der *Modularisierung* geleitet sein: das Problem muß in überschaubare, in sich abgeschlossene Teilprobleme zerlegt werden.

Ein *Modul* besteht aus einer Menge von Routinen, die auf gemeinsamen Datenstrukturen operieren. Bilden diese Routinen auch noch die einzige Möglichkeit des Zugangs zu diesen Datenstrukturen, dann nennt man einen solchen Modul einen *abstrakten Datentyp.*

Entscheidend für die Güte der Modulbildung ist die *Schnittstelle* des Moduls nach außen, d.h. wie die einzelnen Routinen aufgerufen werden. Diese sollte möglichst klar und einfach sein.

Geglückte Modul-Schnittstellen sind problembezogen, d.h. es lassen sich *mehrere verschiedene* Modul-Realisierungen angeben, die auf *verschiedenen* Datenstrukturen operieren, d.h. es ist keine bestimmte Realisierung durch die Schnittstelle vorgeprägt.

Wir wollen für derartige Modularisierungen in diesem und den folgenden Kapiteln Beispiele geben.

9.1 Vier Aufgaben und ihre Gemeinsamkeiten

Die Lösungen der jetzt folgenden Aufgaben wird in den nächsten Kapiteln hergeleitet. Hier soll untersucht werden, was ihnen gemeinsam ist.

Aufgabe 9.1: (Lagerhaltungskartei)

Ein Lager soll verwaltet werden. Für jeden Artikel soll Buch geführt werden, wie oft er aktuell am Lager ist. Der Bestand muß also mit jeder An- oder Auslieferung aufdatiert werden. Danach soll der aktuelle Bestand ausgedruckt werden.

Aufgabe 9.2: (Wort-Häufigkeit)

Man setzt Rechner häufig auch bei der stilistischen Analyse von Texten ein, um herauszufinden, wem ein überlieferter Text zuzuordnen ist. Ein Teil dieser stilistischen Analyse besteht darin, ein Wörterbuch der im Text verwendeten Wörter und ihrer Häufigkeit anzulegen.

Bei genauem Hinsehen stellt man fest, daß diese beiden Aufgaben doch eng verwandt sind. Beide Male wird über Gegenstände Buch geführt: in der ersten Aufgabe sind es Lagerartikel und in der zweiten Wörter. Repräsentiert werden diese durch Schlüsselwörter (englisch *keys*), die im Sinne des Lexikons geordnet werden sollen: diese Ordnung heißt daher *lexikographische Ordnung*.

Aufgabe 9.3: (Cross-Referenz)

Eine alphabetische Liste aller Bezeichner eines Programms heißt eine Cross-Referenz-Liste. Hinter jedem Bezeichner wird in dieser Liste notiert, in welchen Zeilen er aufgetreten ist.

Die Schwierigkeit beim Erstellen einer Cross-Referenz-Liste besteht darin, daß Bezeichner innerhalb von Zeichenketten oder Kommentaren natürlich nicht mit aufgeführt werden sollen, ebensowenig die reservierten Wörter.

Die Ähnlichkeit zu den ersten beiden Problemen liegt in dem *Wörterbuch* (englisch: dictionary), das jedes Mal, wenn ein neuer Gegenstand gefunden wurde, auf den neuesten Stand gebracht werden muß:

1. wenn ein Schlüsselwort nicht vorhanden war, soll es so eingefügt werden, daß die lexikographische Ordnung erhalten bleibt, und

2. wenn es schon vorhanden war, soll die dazugehörige Information aufdatiert werden.

Diese Information war in den ersten beiden Aufgaben die entsprechende Anzahl, also ein `integer`. In dieser Aufgabe wird es eine Liste von Zeilennummern, also ein String, an den die neue Zeilennummer hinten angefügt wird.

Aufgabe 9.4: (Serienbriefe)

Serienbriefe findet man fast täglich im Briefkasten. Trotz persönlicher Anrede, auch mitten im Text, sind Sie völlig unpersönlich. Diese Briefe maschinell zu erstellen, ist nicht schwer: Als Vorlage dient ein Musterbrief, der z.B. so aussehen kann:

```
                                   Kaninchen-Kosmetik GmbH
  An                               Hoppegarten 2a
    ANREDE NAME                    Hinterlaufingen
    STRASSENR                      ---------------
    WOHNORT

                               Hinterlaufingen, den DATUM

    Sehr geehrte(r) ANREDE NAME,
  Als Mitglied des Kaninchenzuechtervereins interessiert sie,
  ANREDE NAME, sicher unsere neue Kosmetiktasche fuer
  Kaninchen: .....
```

Wenn man für jede Karteikarte in der Kartei des Kaninchenzüchtervereins die richtige Zuordnung von `NAME`, `ANREDE`, `WOHNORT` und `STRASSENR` vornimmt und die entsprechenden Teile im Brief damit ersetzt, dann ist der Serienbrief schon fertig. Sei also die Existenz eines Mustertextes vorausgesetzt und außerdem eine Datei, auf der die Kaninchenzüchtervereinsmitglieder folgendermaßen erfaßt sind:

```
\Define(DATUM,31.April 1986)
\Define(NAME,Lampe) \Define(ANREDE,Fraeulein)
\Define(WOHNORT,Bonn) \Define(STRASSENR,Hasenscharte 13)
\Include(Musterbrief)
\Define(NAME,Fuchs)
\Define(ANREDE,Herr)
\Define(WOHNORT,Muenchen)
```

Jedesmal, wenn das Kommando "`\Define`" gefunden wird, soll für das entsprechende Schlüsselwort (das 1. Argument) die dazugehörige Information (das 2.Argument) eingetragen werden.

Wenn dagegen das Kommando "`\Include(Musterbrief)`" gefunden wird, soll der Musterbrief zu einem konkreten Brief umgewandelt werden, indem die Schlüsselworte durch ihre Information ersetzt werden.

Dieser Vorgang ist auch als *Definition und Substitution von Makros* bekannt. (In Kapitel 14 werden wir noch komplexere Makros kennenlernen.) Der innere Zusammenhang zu den vorherigen Aufgaben ist wieder das Wörterbuch.

9.2 Die Schnittstelle des Item-Moduls

Wenn wir die vier Aufgaben analysieren, so können wir drei Ebenen unterscheiden:

1. Ebene: Die *Strings*

Sie enthalten z.B. die Schlüsselwörter.

2. Ebene: Die *Items*

Ein Item besteht aus einem Schlüsselwort (`key`) und der dazugehörigen Information (`inf`). Diese unterscheidet sich von Aufgabe zu Aufgabe:

in 9.1: die Häufigkeit des Artikels am Lager, ein `integer`;

in 9.2: die Häufigkeit des Wortes im Text, auch ein `integer`;

in 9.3: eine Liste der Zeilennummern, in denen der Bezeichner aufgetreten ist, ein `String`;

in 9.4: der Ersetzungstext, auch ein `String`.

3. Ebene: Das *Wörterbuch*

Ein Wörterbuch (Dictionary) enthält Items in einer Reihenfolge, so daß die Schlüsselwörter lexikographisch geordnet sind.

Die vier Aufgaben unterscheiden sich gar nicht in der ersten und dritten Ebene, sondern nur in der zweiten. Wir setzen uns daher zum Ziel, die erste und dritte Ebene jeweils so zu spezifizieren, daß sie von *allen* Aufgaben benutzt werden kann.

Neben den Datenstrukturen besteht ein Modul auch noch aus den dazugehörigen Operationen. Bei den Items, die wir in diesem Abschnitt spezifizieren wollen, sind dies:

`MakeItem` : ein neues Item *anlegen*, d.h. Platz für das Schlüsselwort (`key`) und die dazugehörige Information (`inf`) schaffen;

`ReadItem` : ein neues Item *einlesen*;

`WriteItem` : ein Item *schreiben*;

`UpdateItem` : die Information eines existierenden Items bei Ankunft eines neuen Items mit gleichem Schlüsselwort *aufdatieren*;

`InitItems` : *Initialisieren* globaler Größen des Item-Moduls.

Dies muß noch etwas genauer spezifiziert werden. Denn im Dict-Modul, dem Wörterbuch, wo diese Routinen aufgerufen werden, muß ganz klar sein, welche Parameter sie haben und was sie bewirken — nicht aber wie sie intern implementiert sind. D.h. wenn die Moduldefinition vorliegt, können die verschiedenen Module *gleichzeitig* von verschiedenen Programmierern realisiert werden. Das ist auch ein Grund, weshalb in großen Programmierprojekten so viel Wert auf Modularisierung gelegt wird.

Hier nun die Schnittstelle des Item-Moduls:

Modul-Definition 9.5 (Item-Modul)

```
{ vorausgesetzt werden:                                        }
{ TYPE StrRef = Referenz auf einen String;                     }
{ ( und die dazugehoerigen Operationen ) aus dem Str-Modul }
TYPE
  InfTyp = ??          { Typ der Information                   }
                       { ist implementationsabhaengig           }
  Itemtyp = RECORD { Ein Item besteht aus                       }
    key : StrRef;      { einem Schluesselwort                   }
    inf : InfTyp       { und der dazugehoerigen Information }
  END; { Itemtyp }

VAR
  NewItem : ItemTyp; { in dieses vordefinierte NewItem    }
  { kann von der Applikation sukzessive eingelesen werden }


PROCEDURE MakeItem        { Initialisiere die      }
  ( VAR Item : ItemTyp { Bestandteile von item }
  );

PROCEDURE InitItem; { Initialisiere den Item-Modul }
```

Diese Routine initialisiert z.B. das vordefinierte NewItem durch MakeItem(NewItem).

```
FUNCTION ReadItem         { Einlesen eines Items           }
  ( VAR InDat : Text      { von der Datei InDat            }
  ; VAR Item : ItemTyp { liefert true, wenn ein            }
  ) : boolean;            { Item eingelesen werden konnte }
```

Hier muß ein Schlüsselwort eingelesen und die dazugehörige Information festgestellt werden — so z.B. eine 1 bei der Worthäufigkeit, denn es wird jeweils *ein* neues Wort angetroffen.

```
PROCEDURE WriteItem      { Herausschreiben eines Items }
  ( VAR OutDat : Text  { auf die Ausgabe-Datei        }
  ; VAR Item : ItemTyp { OutDat                       }
  );
```

und schließlich

```
PROCEDURE UpdateItem        { Aufdatieren der Information }
  ( VAR NewItem : ItemTyp { durch ein neues Item        }
  ; VAR OldItem : ItemTyp { bei einem alten Item        }
  );
```

Vorausgesetzt wird, daß die beiden Schlüsselwörter übereinstimmen: d.h. UpdateItem wird nur dann aufgerufen, wenn diese Gleichheit festgestellt wurde.

Wie wir in den folgenden Kapiteln sehen werden, sind alle diese Routinen bis auf ReadItem recht kurz.

Ein einfaches Testprogramm für Items wäre z.B.

Beispiel 9.6a (Testprogramm)

```
PROGRAM TestItems( Input, Output );
\Modul(Str)
\Modul(Item)
BEGIN
  InitStr;
  InitItem;
  WHILE ReadItem( Input, NewItem ) DO
    WriteItem( output, NewItem )
END\. { TestItem }
```

Die "\Modul"-Funktion ist eine Anweisung an den Pascal-Präprozessor, an dieser Stelle den entsprechenden Modul, der als Argument anzugeben ist, einzufügen. Der Präprozessor wird in Abschnitt 14 vorgestellt. Wie das Programm nach dem Präprozessorlauf aussieht, wird am Beispiel des Lagerhaltungsprogramms in Abschnitt 10.4 auf Seite 127 behandelt werden, nachdem eine erste Realisierung der Moduln vorhanden ist.

9.3 Die Schnittstelle des Dict-Moduls

Welche Operationen wollen wir auf dem Wörterbuch ausführen? Die folgenden vier sind das Minimum:

MakeDict : Ein neues Wörterbuch *anlegen*.

Insert : Ein neues Item in das Wörterbuch *einfügen*, wenn es noch nicht vorhanden war, und sonst das vorhandene aufdatieren.

`Search` : Für ein vorgegebenes Schlüsselwort das entsprechende Item *heraussuchen*, wenn möglich.

`ListAll` : Den Bestand in lexikalischer Reihenfolge *auflisten*.

Darüberhinaus könnte man sich noch eine Operation `Delete` zum Löschen eines Items, ein `Merge` zum Vereinigen von Datenbeständen und einiges mehr vorstellen, aber wir wollen es hier mit den "minimalen Routinen" bewenden lassen.

In Kapitel 11 auf Seite 145 werden wir die verschiedenen Realisierungen für den `Dict`-Modul unter dem Gesichtspunkt der Effizienz vergleichen. Da die verschiedenen Implementationen unterschiedliche Stärken und Schwächen haben, hängt die Wahl des optimalen Moduls von den Anforderungen des jeweiligen Problems ab.

Diese *Austauschmöglichkeit* ist ein weiterer wichtiger Grund zur Modularisierung. Hier nun die Schnittstelle des `Dict`-Moduls:

Modul-Definition 9.6: (`Dict`-**Modul**)

```
{ vorausgesetzt werden:                                          }
{ a) der Item-Modul und zum Vergleichen von Keys                 }
{ b) eine FUNCTION CompStr( left, right : StrRef ):integer;     }
{    welche die folgenden Werte abliefert:                       }
{     -1, wenn left < right,                                     }
{      0, wenn left = right,                                     }
{     +1, wenn left > right,                                     }
{    wobei die Vergleiche lexikographisch gemeint sind.          }
CONST
  NullRef = ??; { repraesentiert ein leeres Dictionary           }

TYPE
  DictRef = ??; { Die Referenz auf ein Dict }
                { bzw. ein Teil-Dict        }
\Include(CompStr) { die Routine CompStr einfuegen }

PROCEDURE MakeDict      { Initialisieren des Anfangs }
  ( VAR Dict : DictRef { eines neuen Dict             }
  );
```

Es wird Implementationen geben, bei denen sich ein neues Wörterbuch nur initialisieren läßt, indem das alte gelöscht wird. Das ist z.B. beim Cross-Referenz-Problem nicht erwünscht.

```
FUNCTION Search            { Suche im Woerterbuch Dict        }
  ( NewKey : StrRef        { Nach einem Schluessel, NewKey    }
```

```
    ; Dict : DictRef          { nach erfolgreicher Suche         }
    ; VAR OldItem : ItemTyp { enthaelt OldItem das Objekt      }
    ) : boolean;              { und das Ergebnis ist true        }
```

Eine ganz ähnliche innere Struktur hat:

```
  PROCEDURE Insert            { Einfuegen eines neuen       }
    ( VAR NewItem : ItemTyp { Items in den Bestand        }
    ; VAR Dict : DictRef      { von Dict, wenn dort noch    }
    );                        { kein OldItem vorhanden ist }
    { mit demselben Schluesselwort; sonst UpdateItem      }
```

und schließlich

```
  PROCEDURE ListAll       { Auflisten des Bestandes       }
    ( VAR OutDat : Text { auf OutDat                    }
    ; Dict : DictRef      { von einem Woerterbuch Dict    }
    );                    { in lexikographischer Ordnung }
```

Soweit die Schnittstellenbeschreibung des Dict-Moduls. Um ein Gefühl für die Routinen zu geben, folgt ein kleines Programm, das innerhalb der Umgebung des Dict-Moduls lauffähig ist:

Beispiel 9.7a: (Dictionary)

```
  PROCEDURE Dictionary { Einlesen eines Dict      }
    ( VAR Indat : Text { von der Datei Indat      }
    ; VAR OutDat: Text { und Ausgabe auf OutDat }
    );
  VAR Dict : DictRef;
  BEGIN
    MakeDict( Dict );
    WHILE ReadItem( InDat, NewItem ) DO
      Insert( NewItem, Dict );
    ListAll( OutDat, Dict )
  END; { Dictionary }
```

Wir nutzen die Tatsache, daß NewItem in dem (übergeordneten) Item-Modul global definiert wurde.

Diese kleine Routine ist die oberste Ebene einer Lösung von Aufgabe 9.1 und Aufgabe 9.2. Insgesamt lautet die Lösung dann:

Beispiel 9.7b: (Dictionary-Testprogramm)

```
  PROGRAM DictTest( Input, Output );
```

```
\Modul(Str)  { enthaelt den String-Modul }
\Modul(Item) { enthaelt den Item-Modul   }
\Modul(Dict) { enthaelt den Dict-Modul   }
\Include(Dictionary) { fuegt Dictionary ein }
BEGIN
  InitStrings;
  InitItems;
  Dictionary( Input, Output )
END\.
```

Die Umsetzung dieses Programms durch den Pascal-Präprozessor wird in Abschnitt 10.4 auf Seite 127 besprochen.

9.4 Die Problematik von Strings in Pascal

Datentypen, die Zeichenketten als Werte aufnehmen können, nennen wir Strings. Auch in Standard-Pascal lassen sich Strings definieren:

```
TYPE
  String80 = PACKED ARRAY[ 1..80 ] OF char;
  String20 = PACKED ARRAY[ 1..20 ] OF char;
VAR
  s, t : String20;
  u : String80;
```

Es ist mühselig mit diesen Strings zu arbeiten, denn die Länge der Strings sind *Bestandteil* des Datentyps, so daß zwei Strings verschiedener Länge inkompatibel sind:

```
s := 'dagobert............';
t := s; { ist erlaubt }
u := s; { ist ein Typ-Fehler ! }
```

Es ist aber gerade eine charakteristische Eigenschaft von Strings, daß sie variable Länge haben. Daher ist es schon korrekt zu sagen, daß es in Standard-Pascal keine "richtigen" Strings gibt.

Dieser Mangel ist lange bekannt, siehe auch Anhang S. Die verschiedenen Pascal-Dialekte haben hier Erweiterungen vorgesehen, die aber nicht immer einheitlich sind. Als Quasi-Standard hat sich wohl die Erweiterung aus UCSD-Pascal durchgesetzt, die in TURBO-Pascal genauso und in **Microsoft**-Pascal analog als LString(80) definiert ist:

```
VAR s, t : String[20];
    u : String[80];
BEGIN
```

```
    s := 'dagobert';
    t := s;
    u := s
  END
```

Alle diese Zuweisungen sind korrekt, weil die *aktuelle* Länge kleiner als die vereinbarte maximale Länge sein kann. Die aktuelle Länge wird im nullten Feld-Element mitgeführt, also z.B. `ord( s[0] ) = 8`. Die Länge von Strings ist auf maximal 255 Zeichen begrenzt, da in einem Byte (=8 Bit) nur die Werte `0..255` dargestellt werden können.

Der Nachteil der UCSD-Strings liegt darin, daß für jeden String seine maximale Anzahl von Zeichen als Speicher reserviert wird. Wenn wir davon ausgehen, daß ein Wort maximal 80 Zeichen lang sein kann, bedeutet das für 100 Strings einen Speicherbedarf von 8100 Bytes. Und wenn die Wörter im Durchschnitt nur 6 Zeichen lang sind, folgt, daß 91,4 % des reservierten Speicherplatzes ungenutzt sind.

Die Strings, die wir implementieren wollen, sollen

1. in der Länge wachsen können und
2. nicht viel mehr Speicher belegen, als für das Abspeichern der Zeichen nötig ist.

Welche Operationen sollen wir in dem String-Modul vorsehen? Um ein Gefühl dafür zu bekommen, ist es am besten, die benötigten Operationen für ein bestimmtes Beispiel herauszufinden. Bei dem Problem der Worthäufigkeit (Aufgabe 9.2), muß folgender Algorithmus implementiert werden:

```
solange sich noch ein Wort einlesen laesst:
  ueberpruefe, ob es schon im Woerterbuch vorkommt,
  wenn ja:   erhoehe den zugehoerigen Zaehler um eins
  wenn nein: fuege das Wort ein.
```

Die Wörter werden also sequentiell eingelesen. Dabei ist es gar nicht nötig, daß *alle* Strings in der Länge wachsen können, sondern nur der letzte! Die vorher eingelesenen Strings werden gar nicht mehr verändert.

Derartige Strings lassen sich einfach in Form eines Zeichenkellers implementieren und so wird auch unsere erste String-Implementation aussehen (siehe Kapitel 10 Seite 117).

Es gibt aber Aufgaben, die uns vor größere Probleme stellen. Beim Cross-Referenz Problem (Aufgabe 9.3) muß jedesmal, wenn ein Variablenname gefunden wird, die dazugehörige Information — auch ein String — aufdatiert werden, indem die aktuelle Zeilennummer als Zeichenkette angehängt wird.

Es gibt noch einen *dritten String-Typ* im Cross-Referenz-Problem: zunächst werden die Programmzeilen, mit Zeilennummern versehen, ausgegeben und dann die Liste der Bezeichner mit den Zeilennummern, in denen sie auftreten. Die String-Variable, in die stets die aktuelle Zeile eingelesen wird, ist ein

String-Puffer (englisch: Buffer); sie hat eine bekannte maximale Länge und wird stets aufs neue *überschrieben*.

Um diesen Anforderungen gerecht zu werden, unterscheiden wir zwei String-Typen:

`Str` : das sind die Strings wie sie bei der Worthäufigkeit gebraucht werden:

- nur der letzte String läßt sich verlängern und
- für die anderen stimmt die aktuelle und die reservierte Länge überein.

`Buf` : das sind Buffer-Strings, die sich mindestens auf `BufLen` (z.B. 80) verlängern lassen und deren aktuelle Länge sich verändern kann — sie entsprechen damit den UCSD-Strings.

Wenn man Buffer implementiert, in denen die reservierte Länge größer als die aktuelle Länge ist, kann man `Str`'s natürlich als `Buf`'s realisieren und braucht die Zweiteilung nicht mehr. Mehr dazu in Kapitel 12.

9.5 Die Schnittstelle des `Str`-Moduls

Welche Operationen sollen für Strings zugelassen werden? Die verschiedenen `Pascal`-Dialekte übertreffen sich an Funktionen.

Da wir aber verschiedene String-Implementationen ausprobieren wollen, sollen die zu realisierenden Operationen *möglichst einfach* sein. Wir wählen die *Operationen auf Text-Dateien als Vorbild* für die String-Operationen, denn

- sie sind ein klares Modell für *sequentielle* Operationen mit Zeichen,
- wir verstehen sie schon, und
- Ein-/Ausgabe und String-Operationen passen dann gut zusammen.

Ein String ist eine Folge von Zeichen, die durch ein Sonderzeichen, das `End Of String`, kurz `EOS`, abgeschlossen werden.

Zugegriffen wird auf einen String über eine String-Referenz; das ist ein Zeiger auf eine Position im String, z.B. auf das `'N'` in

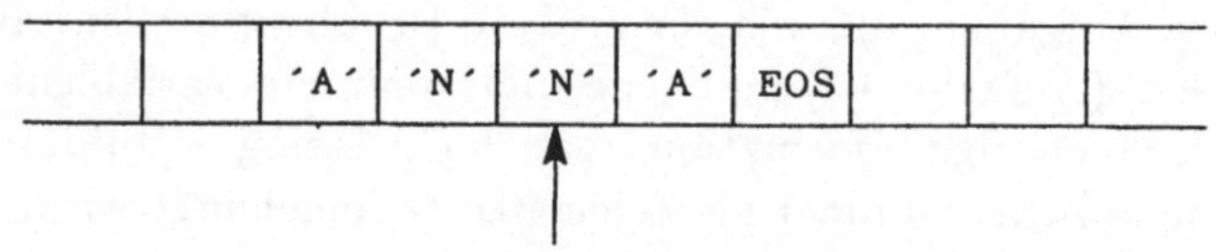

Die Operationen auf den Strings sind:

`GetCh` hat als Rückgabewert das Zeichen, auf dem der String-Zeiger steht. Wenn dieses Zeichen kein `EOS` ist, wird der Zeiger ein Zeichen vorgerückt.

`WriteCh` rückt den String-Zeiger auf das `EOS`-Zeichen und fügt ein Zeichen vor dem `EOS` ein.

`ResetStr` setzt den String-Zeiger auf das erste Zeichen des Strings zurück.

`RewriteStr` löscht den Inhalt des String und setzt den String-Zeiger auf die erste Position des String, ein `EOS`.

Die Analogie zu den Files ist also ausgeprägt. Zusätzlich gibt es noch:

`NextCh` liefert das aktuelle Zeichen, *ohne* den String-Zeiger vorzurücken.

Jetzt fehlen nur noch die Routinen zum Generieren und Zurückgeben von Strings. Bei "normalen" Variablen wie `int`, `real` oder `char` wird der Speicherplatz durch den Compiler besorgt. Bei eigenen Erweiterungen muß man den Speicherplatz selbst besorgen und, wenn ein String nicht mehr gebraucht wird, diesen Platz wieder einsammeln. Erst hier kommt die Unterscheidung zwischen `Str`'s und `Buf`'s zum Zuge, denn alle bisherigen Routinen galten für beide Formen gleichermaßen:

`MakeStr` legt einen *String* an, der möglichst speicherplatzoptimal sein soll; nur der zuletzt generierte `Str` kann verlängert werden.

`MakeBuf` legt einen *Buffer* an, der mindestens auf eine maximale Länge `BufLen` verlängert werden kann.

`FreeBuf` gibt einen mit `MakeBuf` erzeugten Puffer zurück.

`InitStrings` initialisiert die globalen Größen des `Str`-Moduls wie beispielsweise `EOS:=chr(1)`, das End-Of-String Zeichen, und `NullStr`, den leeren String.

Soweit die Kurzbeschreibung des `Str`-Moduls. Die *genaue* Schnittstellenbeschreibung des `Str`-Moduls lautet:

Modul-Definition 9.8: (`Str`-**Modul**)

```
CONST
  BufLen = 80; { Ein Puffer muss mindestens  }
               {  diese Laenge haben koennen }
TYPE
  StrRef = ??; { Der String-Zeiger      }
VAR
  EOS : char;         { End-Of-String      }
  NullStr : StrRef; { Ein leerer String }
```

```
PROCEDURE InitStrings; { Initialisiere den Str-Modul }

PROCEDURE MakeStr     { Erzeuge einen LeerString Str }
  ( VAR Str : StrRef { der letzte so erzeugte hat    }
  );                  { variable Laenge                }

PROCEDURE MakeBuf     { Erzeuge einen ( Leer- ) String Buf }
  ( VAR Buf : StrRef { der sich mindestens auf die        }
  );                  { Laenge BufLen erweitern laesst     }

PROCEDURE FreeBuf     { Gib den Speicherplatz zurueck;  }
  ( VAR Buf : StrRef { danach verweist Buf auf NullStr }
  );
```

Soweit die Verwaltungsroutinen. Die Arbeit erledigen

```
FUNCTION GetCh          { Hole das aktuelle Zeichen         }
  ( VAR InStr : StrRef { von InStr und liefere ab;          }
  ) : char;             { wenn moeglich zeigt InStr          }
                        { danach auf das folgende Zeichen.  }

FUNCTION NextCh     { Hole das aktuelle Zeichen     }
  ( InStr : StrRef { von InStr und liefere es ab. }
  ) : char;

PROCEDURE WriteCh          { Schreibe das Zeichen ch    }
  ( VAR OutStr : StrRef   { ans Ende von OutStr, wenn }
  ; ch : char              { moeglich; danach zeigt     }
  );                       { OutStr auf das EOS         }
```

Jetzt fehlen nur noch die Routinen zum Zurücksetzen:

```
PROCEDURE ResetStr     { setzt den String-Zeiger Str }
  ( VAR Str : StrRef  { an den Anfang des Strings    }
  );

PROCEDURE RewriteStr  { loescht den Inhalt von Str      }
  ( VAR Str : StrRef  { und setzt Str an den ( alten ) }
  );                   { Anfang, der jetzt ein EOS hat. }
```

Soweit die Schnittstellendefinition.

9.6 Drei String-Hilfsroutinen

Aufbauend auf dieser Schnittstelle formulieren wir jetzt drei Routinen einer Sammlung von Hilfsroutinen für Strings, genannt `StrUtil`:

```
FUNCTION ReadWord     { Einlesen eines Wortes   }
  ( VAR InDat : Text { von InDat                }
  ; OutStr : StrRef  { nach OutStr;             }
  ) : boolean;       { true, wenn erfolgreich }
VAR ch : char;
BEGIN
  ch := ' ';
  WHILE NOT ( ch IN ['a'..'z', 'A'..'Z'] ) OR eof( InDat ) DO
    read( InDat, ch )
  IF eof( InDat ) THEN
    ReadWord := false
  ELSE BEGIN
    ReadWord := true;
    REPEAT
      WriteCh( OutStr, ch );
      read( InDat, ch )
    UNTIL ch = ' '
  END
END; { ReadWord }
```

Die Ausgabe ist viel einfacher:

```
PROCEDURE WriteStr     { Ausgabe eines Strings }
  ( VAR OutDat : Text { nach OutDat            }
  ; InStr : StrRef    { von InStr              }
  );
BEGIN
  ResetStr( InStr );
  WHILE NextCh( InStr ) <> EOS DO
    write( OutDat, GetCh( InStr ))
END; { WriteStr }

FUNCTION CompStr  { vergleicht und liefert: }
  ( left : StrRef {  -1, falls left < rite  }
  ; rite : StrRef {   0, falls left = rite  }
  ) : integer;    {  +1, falls left > rite  }
VAR LeftCh, RiteCh : char;
BEGIN
  REPEAT
    LeftCh := GetCh( left );
    RiteCh := GetCh( rite )
  UNTIL ( LeftCh <> RiteCh ) OR ( LeftCh = EOS );
  IF LeftCh < RiteCh THEN
    CompStr := -1
  ELSE IF LeftCh > RiteCh THEN
```

```
      CompStr := +1
    ELSE
      CompStr := 0
  END; { CompStr }
```

Damit ist schon ein guter Teil der Arbeit getan, um die Aufgaben 9.1 und 9.2 zu lösen. Es muß allerdings noch für die drei Module jeweils eine Implementation angegeben werden. Das soll im nächsten Kapitel geschehen.

Kapitel 10

Erste Realisierung der Moduln

Da die Schnittstellen von Dict- und Item- und Str-Modul vollständig definiert sind, spielt es keine Rolle, mit welcher Realisierung wir beginnen. Wir beginnen daher mit den Strings, da sie bei den Items benutzt werden sollen.

10.1 Eine erste Realisierung des Str-Moduls

Wie schon in Abschnitt 9.4 erwähnt, wollen wir die Str-Strings mit einem Zeichenkeller realisieren. Die Buf-Strings werden ans andere Ende des Zeichenfeldes plaziert und wachsen von rechts nach links. Ein Überlauf kann dann erst stattfinden, wenn der ungenutzte Platz dazwischen verbraucht ist.

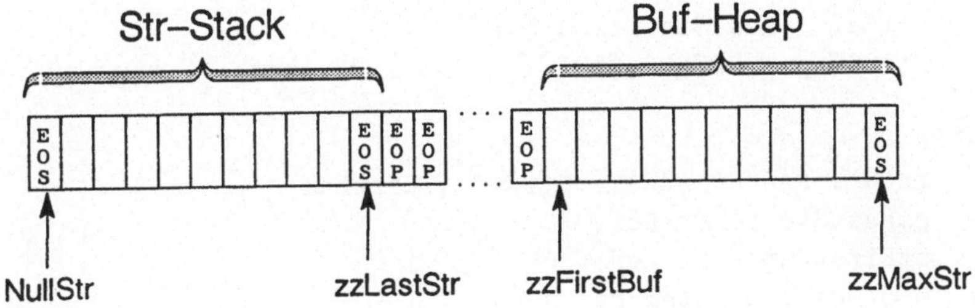

Der erste String, der NullString, besteht nur aus dem EOS-Zeichen; der letzte Str-String, der bei zzLastStr beginnt, ist auch leer. Er läßt sich aber expandieren. Dies wird durch EOP-Zeichen (End-Of-Portion, kodiert als chr(2)) ausgedrückt. Wenn auf ein EOS ein EOP-Zeichen folgt, kann das EOS-Zeichen überschrieben und das EOP in ein EOS-Zeichen umgewandelt werden.

Daher wird das Feld zzCh, in dem sich die Zeichen der Strings befinden, am Anfang mit EOP's vorbesetzt. Die Bezeichner, die mit zz anfangen, wie zzCh, zzLastStr, zzFirstBuf, werden für die interne Verwaltung benötigt und sollten außerhalb der Realisierung eigentlich unbekannt sein. Das kann man in Standard-Pascal aber nicht erreichen. Deshalb sollten Bezeichner, die mit zz beginnen, nicht vereinbart werden.

Da die Buf-Strings im Buf-Heap alle genau BufLen = 80 Zeichen lang sind, ist es leicht, an die Anfangsposition zu gelangen. Diese ist

```
( Buf DIV BufLen ) * BufLen.
```

Wenn an dieser Position ein EOP steht, ist dieser Buffer frei und kann durch MakeBuf zugewiesen werden. Ein Buffer, der mit FreeBuf zurückgegeben werden soll, muß also auf allen BufLen-Zeichen ein EOP-Zeichen erhalten.

Ein RewriteStr schreibt an den Anfang ein EOS und füllt den Rest des Str oder Buf mit EOP-Zeichen. Daher läßt sich ein leerer Buf stets von einem noch nicht zugewiesenen unterscheiden.

Modul-Implementation 10.1 (Str-Modul)

```
CONST
  BufLen = 80;
  zzMaxStr = 32000; { ein Vielfaches von BufLen }
  NullStr = 0;

TYPE
  StrRef = NullStr..zzMaxStr;
  Str60Typ = PACKED ARRAY[ 1..60 ] OF char;

VAR
  zzCh : PACKED ARRAY[ StrRef ] OF char;
  zzLastStr  : StrRef;
  zzFirstBuf : StrRef;
  stringerr : integer;
  OrdAa : integer;
  EOP : char;             { End Of Portion }
  EOS : char;             { End Of String  }

PROCEDURE InitStrings; { Initialisiere den Str-Modul }
VAR s : StrRef;
```

```
BEGIN
  EOS := chr( 1 );
  EOP := chr( 2 );
  OrdAa := ord( 'A' ) - ord( 'a' );
  stringerr := 0;
  FOR s := NullStr TO zzMaxStr-1 DO
    zzCh[s] := EOP;
  zzCh[ NullStr ] := EOS;
  zzCh[ zzMaxStr ] := EOS;
  zzFirstBuf := zzMaxStr;
  zzLastStr := NullStr
END; { InitStrings }

PROCEDURE MakeStr        { Erzeuge einen LeerString Str }
  ( VAR Str : StrRef { der letzte so erzeugte hat   }
  );                     { variable Laenge               }
BEGIN
  IF zzFirstBuf - zzLastStr <= 2*BufLen THEN BEGIN
    writeln( '*** overflow ***' );
    stringerr := -1;
    Str := NullStr
  END
  ELSE BEGIN
    WHILE zzCh[ zzLastStr ] <> EOS DO
      zzLastStr := zzLastStr + 1;
    zzLastStr := zzLastStr + 1;
    zzCh[ zzLastStr ] := EOS;
    Str := zzLastStr
  END
END; { MakeStr }

PROCEDURE MakeBuf        { Erzeuge einen ( Leer- ) String Buf }
  ( VAR Buf : StrRef { der sich mindestens auf die          }
  );                     { Laenge BufLen erweitern laesst      }
BEGIN
  IF zzFirstBuf - zzLastStr <= 2*BufLen THEN BEGIN
    writeln( '*** overflow ***' );
    stringerr := -1;
    Buf := NullStr
  END
  ELSE BEGIN
    Buf := zzMaxStr - BufLen;
    WHILE zzCh[ Buf ] <> EOP DO
      Buf := Buf - BufLen;
    zzCh[ Buf ] := EOS
```

```
    END;
    IF Buf < zzFirstBuf THEN zzFirstBuf := Buf
  END; { MakeBuf }

  PROCEDURE ResetStr   { setzt den String-Zeiger Str }
    ( VAR Str : StrRef { an den Anfang des Strings   }
    );
  BEGIN
    IF Str >= zzFirstBuf THEN
      Str := ( Str DIV BufLen ) * BufLen
    ELSE IF Str = NullStr THEN { kein Reset noetig }
    ELSE BEGIN
      IF zzCh[ Str ] = EOS THEN
        Str := Str - 1;
      WHILE zzCh[ Str ] > EOP { > EOS } DO
        Str := Str - 1;
      Str := Str + 1
    END
  END; { ResetStr }

  PROCEDURE RewriteStr { loescht den Inhalt von Str      }
    ( VAR Str : StrRef { und setzt Str an den ( alten ) }
    );                 { Anfang, der jetzt ein EOS hat. }
  VAR s : StrRef;
  BEGIN
    ResetStr( Str );
    s := Str;
    WHILE zzCh[ s ] <> EOS DO BEGIN
      zzCh[ s ] := EOP;
      s := s + 1
    END;
    zzCh[ s ] := EOP;
    zzCh[ Str ] := EOS
  END; { RewriteStr }

  PROCEDURE FreeBuf      { Gib den Speicherplatz zurueck;  }
    ( VAR Buf : StrRef { danach verweist Buf auf NullStr }
    );
  BEGIN
    ReWriteStr( Buf );
    IF Buf >= zzFirstBuf THEN
      zzCh[ Buf ] := EOP
  END;

  FUNCTION GetCh          { Hole das aktuelle Zeichen          }
```

```
    ( VAR InStr : StrRef { von InStr und liefere ab;          }
    ) : char;            { wenn moeglich zeigt InStr          }
                         { danach auf das folgende Zeichen.   }
  BEGIN
    GetCh := zzCh[ InStr ];
    IF zzCh[ InStr ] <> EOS THEN
      InStr := InStr + 1
  END; { GetCh }

  FUNCTION NextCh      { Hole das aktuelle Zeichen     }
    ( InStr : StrRef { von InStr und liefere es ab. }
    ) : char;
  BEGIN
    NextCh := zzCh[ InStr ]
  END; { NextCh }

  PROCEDURE WriteCh          { Schreibe das Zeichen ch }
    ( VAR OutStr : StrRef { ans Ende von OutStr, wenn }
    ; ch : char              { moeglich; danach zeigt  }
    );                       { OutStr auf das EOS      }
  BEGIN
    IF ch <> EOS THEN BEGIN
      WHILE zzCh[ OutStr ] <> EOS DO { ans Ende gehen }
        OutStr := OutStr + 1;
      IF zzCh[ OutStr+1 ] <> EOP THEN BEGIN
        writeln(' *** Overflow ***' );
        stringerr := 1
      END
      ELSE BEGIN
        zzCh[ OutStr ] := ch;
        OutStr := OutStr + 1;
        zzCh[ OutStr ] := EOS
      END
    END
  END; { WriteCh }
```

10.2 Ein Item-Modul für die Lagerhaltung

Eine Lagerhaltungs-Datei habe folgendes Aussehen (es handelt sich offenbar um das Lager eines Fahrradgeschäftes):

```
10    RAHMEN
27    GABEL
3     VORDERRADNABE
```

```
6      HINTERRADNABE
172    SPEICHEN
12     FELGE
7      TRETLAGER
11     ZAHNKRANZ
3      KURBEL
18     PEDALE
13     SATTEL
5      LENKSTANGE
1      GEPAECKTRAEGER
```

Ein Posten (Item) besteht also aus einem Schlüsselwort mit dem Namen des Lagerartikels und einer `integer`-Variablen mit der entsprechenden Anzahl.

In `ReadItem` muß zunächst die Anzahl und dann das Schlüsselwort eingelesen werden — z.B. mit `ReadWord` aus Abschnitt 9.6, Seite 114. Die Ausgabe eines Items ist auch problemlos, da mit `WriteStr` die Ausgabe eines String bereits behandelt ist und ein `integer` mit `write` ausgegeben werden kann.

Modul-Implementation 10.2 (Item)

```
TYPE ItemTyp = RECORD
       key : StrRef;
       inf : integer { Die Anzahl der Lagerartikel }
     END; { ItemTyp }

VAR NewItem : ItemTyp;

PROCEDURE MakeItem      { Initialisiere die      }
  ( VAR Item : ItemTyp { Bestandteile von item }
  );
BEGIN
  makestr( Item.key );
  Item.inf := 0
END;

PROCEDURE InitItems;
BEGIN
  MakeItem( NewItem )
END;

FUNCTION ReadItem        { Einlesen eines Items            }
  ( VAR InDat : Text     { von der Datei InDat             }
  ; VAR Item : ItemTyp   { liefert true, wenn ein          }
  ) : boolean;           { Item eingelesen werden konnte }
\include ReadWord { aus Str-Util }
```

```
BEGIN
  RewriteStr( Item.key );
  IF eof( InDat ) THEN
    ReadItem := false
  ELSE BEGIN
    read( InDat, Item.inf );
    ReadItem := ReadWord( InDat, Item.key );
    readln( InDat )
  END { else }
END; { ReadItem }


PROCEDURE WriteItem     { Herausschreiben eines Items }
  ( VAR OutDat : Text   { auf die Ausgabe-Datei       }
  ; VAR Item : ItemTyp  { OutDat                      }
  );
\include WriteStr { aus Str-Util }
BEGIN
  write( OutDat, Item.inf:6, ' ' );
  WriteStr( OutDat, item.key );
  writeln( OutDat )
END; { WriteItem }


PROCEDURE UpdateItem         { Aufdatieren der Information }
  ( VAR NewItem : ItemTyp    { durch ein neues Item        }
  ; VAR OldItem : ItemTyp    { bei einem alten Item        }
  );
BEGIN
  OldItem.inf := OldItem.inf + NewItem.inf
END; { UpdateItem }
```

10.3 Eine erste Realisierung des Dict-Moduls

Auch das Wörterbuch soll zunächst durch ein Feld realisiert werden. Wir brauchen uns nur an **InsertionSort** aus Kapitel 7 auf Seite 91 erinnern: um ein neues Item an der Stelle i einzufügen, werden alle vorhandenen Items, die größer sind, um je eine Stelle verschoben, um Platz für das neue Item zu schaffen.

Die richtige Stelle zum Einfügen eines neuen Items finden wir folgendermaßen:

Angenommen, für ein Schlüsselwort NewKey wird eine Stelle zum Einfügen gesucht, und es ist `zzItem[left].key < NewKey < zzItem[right].key`.

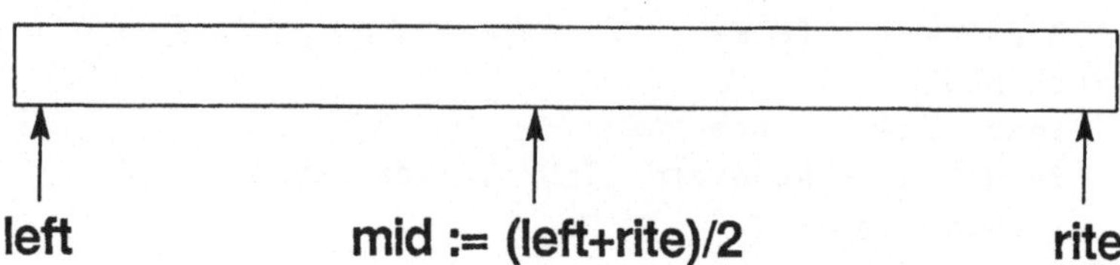

Vergleicht man nun NewKey mit Item[mid].key, so läßt sich mit einem Vergleich entscheiden, ob NewKey in die linke oder in die rechte Hälfte gehört oder an die Stelle mid selber. Wiederholte Anwendung dieses Schritts ergibt die *Binärsuche.*

Dieses Verfahren braucht für ein Feld der Länge $N = 2^n - 1$ durchschnittlich $n \simeq log_2 N$ Vergleiche im Gegensatz zu $N/2$ bei der linearen Suche. Bei 1023 Einträgen sind das nur 10 Vergleiche anstelle von 500.

Beim Einfügen von Items gibt es aber leider keinen Weg an den durchschnittlich 500 Verschiebungen vorbei. In Kapitel 11 werden wir Datenstrukturen für Wörterbücher kennenlernen, bei denen nicht verschoben zu werden braucht.

Modul-Implementation 10.3 (Dict-Modul)

```
CONST MaxDictRef = 100;
TYPE DictRef = 0..MaxDictRef;
VAR zzItem : ARRAY[ DictRef ] OF ItemTyp;
    NullRef : DictRef;

{\include CompStr} { siehe Str-Util in 9.6 }

PROCEDURE MakeDict       { Initialisieren des Anfangs }
  ( VAR Dict : DictRef { eines neuen Dict            }
  );
  { Die vorher angelegte Struktur wird geloescht     }
BEGIN
  NullRef := 0;
  Dict := NullRef
END; { MakeDict }

FUNCTION Search              { Suche im Woerterbuch Dict        }
  ( NewKey : StrRef          { Nach einem Schluessel, NewKey    }
  ; Dict : DictRef           { nach erfolgreicher Suche         }
```

```
  ; VAR OldItem : ItemTyp { enthaelt OldItem das Objekt       }
  ) : boolean;              { und das Ergebnis ist true       }
VAR left, mid, rite : DictRef;
BEGIN
  left := NullRef;
  rite := Dict+1;
  Search := false;
  WHILE ( rite - left ) > 1 DO BEGIN
    mid := ( left + rite ) DIV 2;
    CASE CompStr( Newkey, zzitem[mid].key ) OF
      -1: rite := mid;
      +1: left := mid;
       0: BEGIN
            rite := left;
            Search := true;
            OldItem := zzItem[ mid ]
          END
    END { case }
  END { while }
END; { Search }

PROCEDURE Insert            { Einfuegen eines neuen       }
  ( VAR NewItem : ItemTyp { Items in den Bestand        }
  ; VAR Dict : DictRef      { von Dict, wenn dort noch    }
  );                        { kein OldItem vorhanden ist }
  { mit demselben Schluesselwort; sonst UpdateItem        }
VAR left, mid, rite : DictRef;
BEGIN
  left := NullRef;
  rite := Dict + 1;
  WHILE ( rite - left ) > 1 DO BEGIN
    mid := ( rite + left ) DIV 2;
    CASE CompStr( NewItem.key, zzitem[mid].key ) OF
      -1: rite := mid;
      +1: left := mid;
       0: BEGIN
            rite := NullRef;
            UpdateItem( NewItem, zzItem[mid] )
          END
    END { case }
  END; { while }
  IF rite > NullRef THEN BEGIN { Alle eins aufruecken }
    FOR mid := Dict DOWNTO rite DO
      zzItem[ mid + 1 ] := zzItem[ mid ];
```

```
    zzItem[ rite ] := NewItem; { und neues Item Einfuegen }
    MakeItem( NewItem );       { und neues Item erzeugen  }
    Dict := Dict + 1
  END
END; { Insert }

PROCEDURE ListAll      { Auflisten des Bestandes      }
  ( VAR OutDat : Text { auf OutDat                   }
  ; Dict : DictRef     { von einem Woerterbuch Dict   }
  );                   { in lexikographischer Ordnung }
VAR i : DictRef;
BEGIN
  FOR i := NullRef + 1 TO Dict DO
    WriteItem( OutDat, zzItem[ i ] )
END; { ListAll }
```

10.4 Das komplette Lagerhaltungsprogramm

In Beispiel 9.7b auf Seite 109 ist die Lösung schon beschrieben worden:

Lösung 10.4a: (von Aufgabe 9.1, Lagerhaltung)

```
PROGRAM DictTest( Input, Output );
\Modul(Str)  { enthaelt den String-Modul }
\Modul(Item) { enthaelt den Item-Modul   }
\Modul(Dict) { enthaelt den Dict-Modul   }
\Include(Dictionary) { fuegt Dictionary ein }
BEGIN
  InitStrings;
  InitItems;
  Dictionary( Input, Output )
END\.
```

Interpretiert man das "\Modul" als einfaches Einkopieren des entsprechenden Pascal-Textes in das Programm, so funktioniert diese Lösung zwar in Turbo-Pascal — in Standard-Pascal dagegen nicht: denn Str-, Item- und auch Dict-Modul enthalten nacheinander Vereinbarungen für

- Konstanten,
- Typen,
- Variablen,
- Funktionen und Prozeduren

und zwar jeder für sich in der richtigen Reihenfolge.

Wenn aber anschließend an die Funktions- bzw. Prozedur-Vereinbarungen vom Item-Modul wieder Konstanten-Definitionen des Dict-Moduls folgen, so verstößt das gegen die *vorgeschriebene Reihenfolge* der Vereinbarungen. (In TURBO-Pascal ist die strikte Reihenfolge gelockert.)

Die Lösung dieses Problems liegt in der Tatsache, daß jeder Funktions- oder Prozedur-Block wieder einen vollständigen Satz Vereinbarungen haben darf. Wir schachteln Moduln deshalb ineinander:

Lösung 10.4b (von Aufgabe 9.1, Lagerhaltung)

```
PROGRAM Lagerhaltung( Input, Output );
\Include(Str) { Str-Modul aus Implementation 10.1 }

  PROCEDURE ModulStr;
  \Include(Item) { Item-Modul aus Implementation 10.2 }
```

```
    PROCEDURE ModulItem;
    \Include(Dict) { Dict-Modul aus Implementation 10.3 }
    \Include(Dictionary) { Beispiel 9.7a }
    BEGIN { ModulItem }
      InitStrings;
      InitItems;
      Dictionary( Input, Output )
    END { ModulItem }

  BEGIN { ModulStr }
    ModulItem
  END { ModulStr }

BEGIN { Hauptprogramm }
  ModulStr
END.
```

In Kapitel 14 entwickeln wir einen Pascal-Präprozessor, der die Übersetzung von 10.4a nach 10.4b erledigt und das Einfügen (\include) der Texte erledigt.

Damit ist — auf eine etwas umständliche Art — das Problem gelöst, in Standard-Pascal eine Programmierung in Modulhierarchien zu realisieren [1].

Leider hat unsere Lösung zwei *Schönheitsfehler*:

1. Die Anzahl der Objekte (Items) in unserem Wörterbuch ist auf maximal MaxDictRef (= 100) begrenzt. Versucht man, mehr Objekte einzutragen, so stürzen unsere Routinen mit einem Laufzeitfehler ab.

2. Außerdem stecken wir in einer Klemme: wenn wir MaxDictRef vergrößern, fließt die Liste nicht so leicht über, aber andererseits wird dieser große Speicherbereich meistens gar nicht genutzt.

Am besten wäre eine Lösung, die genau so viel Speicherplatz belegt, wie die für das Abspeichern der Objekte benötigt, wenn also der Speicher *dynamisch* verwaltet würde. Für Felder ist das in Pascal nicht möglich, aber es gibt dafür andere Sprachmittel, die wir im nächsten Kapitel kennenlernen werden.

[1] Besser gelöst ist die modulare Programmierung — wie der Name schon sagt — in Modula-2, Niklaus Wirth's Nachfolger von Pascal: dort lassen sich Routinen und Variablen eines Moduls gezielt bekanntmachen.

Kapitel 11

Dynamische Datenstrukturen

Gegen Ende des letzten Kapitels haben wir die Probleme diskutiert, die entstehen, wenn man mit Feldern fester Länge arbeitet, aber noch nicht weiß, wie viele Feldelemente eintreffen werden. Felder nennt man daher *statisch*, da die Speicherplatzbelegung zur Übersetzungszeit stattfindet.

Es gibt in `Pascal` aber auch *dynamische* Datentypen, die es gestatten, Speicherplätze zur Laufzeit zu belegen und auch wieder freizugeben. Mit diesen Datentypen wollen wir uns in diesem Kapitel beschäftigen und mit ihrer Hilfe weitere Realisierungen des `Dict`-Moduls entwickeln.

11.1 Dynamische Variable

Eine Pointer- oder auch Zeiger-Variable kann man wie folgt vereinbaren:

```
VAR refItem : ^ItemTyp;
```

Die Pointer-Variable `refItem` kann als Wert einen Pointer haben, d.h. die Adresse eines Speicherplatzes, an dem eine Variable vom Typ `ItemTyp` steht. Nach dieser Vereinbarung zeigt `refItem` nirgendwohin, so wie eine `integer`-Variable nach ihrer Deklaration noch keinen Wert hat. Durch den Prozeduraufruf

```
new( refItem )
```

wird vom Betriebssystem Speicherplatz für eine Variable vom "Basistyp" `ItemTyp` angefordert. Danach zeigt `refItem` auf diesen Speicherplatz. Diesem Speicherplatz zugeordnet ist eine *dynamische Variable*

```
refitem^
```

die sich wie eine Variable vom Typ ItemTyp verhält und den Zugriffsmechanismus auf den dynamisch angelegten Speicherplatz darstellt. Will man diesen Speicherplatz wieder zurückgeben, so schreibt man

```
dispose( refItem );
```

und danach ist refItem wieder undefiniert.
Als Basistyp kann jeder beliebige Standard- oder selbstdefinierte Datentyp verwendet werden, und es ist auch möglich, Pointer-Typen zu *vereinbaren*:

```
TYPE ItemRef = ^ItemTyp
```

Danach könnte man sogar Zeiger-Variable definieren, die als Basistyp einen Pointertyp haben:

```
VAR RefItem : ItemRef;       { = ^ItemTyp  }
    RefRefItem : ^ItemRef;  { = ^^ItemTyp }
```

Bildlich läßt sich die Situation nach

```
new( RefItem );
new( RefRefItem );
new( RefRefItem^ );
```

so darstellen:

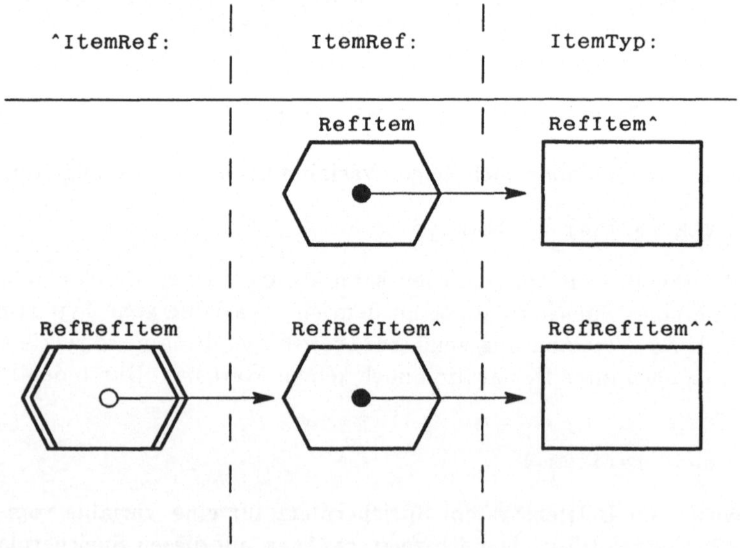

Wert der Pointer-Variablen `RefItem` ist die dynamische Variable `RefItem^` und diese hat Werte vom Typ `ItemTyp`. Die Pointer-Variable `RefItem` hat als Werte die dynamische Variable `RefRefItem`. Deren Werte sind aber *wiederum* Pointer-Werte und zeigen auf die dynamische Variable `RefRefItem^^`, welche `ItemTyp` Werte hat.

`NIL` ist eine *Pointer-Konstante*, die jeder Pointer-Variablen, gleich welchen Typs, zugewiesen werden kann. Ein Wert `NIL` bedeutet, daß die Pointer-Variable auf *keinen* Speicherplatz verweist:

```
RefItem := NIL
```

Der Unterschied zu einer undefinierten Pointer-Variablen besteht darin, daß man auf `NIL` abfragen kann. Ein Aufruf

```
dispose( RefItem );
```

führt zu einem Laufzeitfehler, wenn `RefItem` undefiniert ist oder den Wert `NIL` hat; ebenso die Verwendung von `RefItem^`, denn dieser Speicherplatz existiert dann nicht.

11.2 Verkettete Listen

Eine einfache Art, Pointer zu verwenden, besteht darin, jeden `Dict`-Eintrag auf den Eintrag mit dem nächstgrößeren Schlüssel verweisen zu lassen.

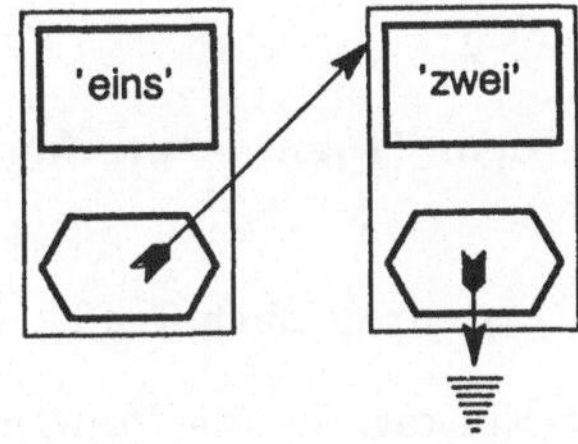

Die dazugehörige Datenstruktur lautet:

```
TYPE
  DictRef = ^Eintrag; { Pointer auf einen Eintrag }
  Eintrag = RECORD
    It  : ItemTyp;
    Next : DictRef     { Verweis auf den naechsten Eintrag }
  END;
```

Die Vereinbarung von `DictRef` scheint nicht korrekt zu sein: obwohl `Eintrag` noch nicht vereinbart war, haben wir es schon verwendet. Mit der `Eintrag`-Typenvereinbarung läßt sich diese Zeile auch nicht vertauschen, da hier wiederum `DictRef` verwendet wird. Was tun?

Um solche Typenvereinbarungen überhaupt erst möglich zu machen, läßt `Pascal` Pointer auf noch nicht vereinbarte Typen zu. (Da alle Pointer intern als Adressen gespeichert werden, ist das möglich.) Die Listen-Vereinbarung ist also korrekt.

Um zu demonstrieren, wie mit solchen Listen umgegangen werden kann, betrachten wir

Problem 11.1: (Zahlenliste)

Die Zahlen von eins bis sieben sollen nacheinander in ein Wörterbuch eingetragen werden, aber nicht als Ziffern, sondern als Zeichenketten `'eins'`, `'zwei'`, `'drei'` usw. Die gewünschte Ordnung soll wieder die lexikographische sein.

Wenn die ersten vier Zahlen schon in unserem Listen-Wörterbuch vorhanden sind und die fünfte noch eingefügt werden soll,

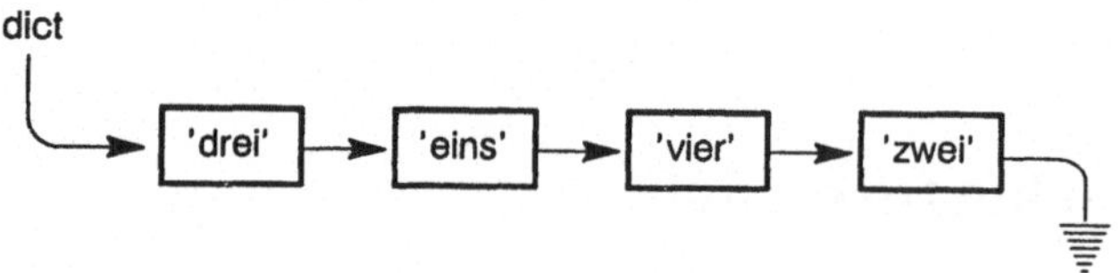

dann sind folgende Schritte nötig:

1. Finde den Eintrag, hinter dem `'fuenf'` eingefügt werden soll; dies sei `Head`.

2. Rette den Verweis auf den Listenrest nach `Tail`.

3. Erzeuge einen neuen `Dict`-Eintrag für die Pointer-Variable `Head^.next` durch `new( Head^.next )` und schreibe die `'fuenf'` dort hinein:

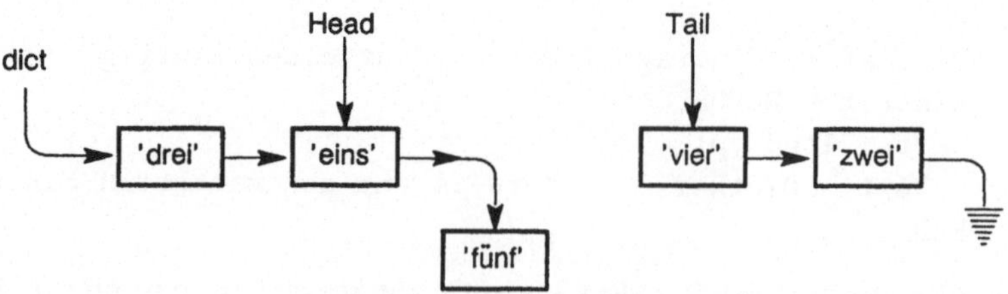

4. Anschließend hänge den Listenrest hinter diesen neu erzeugten Eintrag:

```
Head^.next.next := Tail
```

Beim *Suchen*, also auch im 1.Schritt, müssen wir die Liste sequentiell von vorne durchgehen, und das kostet wieder durchschnittlich $N/2$ Vergleiche bei N Listeneinträgen. Das Einfügen und Löschen ist jedoch viel billiger als für Felder.

Es folgt die *Listen-Implementation* des Dict-Moduls.

Modul-Implementation 11.2 (Dict-Modul)

```
CONST
  NullRef = NIL;
TYPE
  DictRef = ^Entry;
  Entry = RECORD
    It : ItemTyp;
    Tail : DictRef
  END; { Entry }

PROCEDURE MakeDict        { Initialisieren des Anfangs }
  ( VAR Dict : DictRef { eines neuen Dict              }
  );
BEGIN
  Dict := NullRef
END; { MakeDict }

FUNCTION Search       { Suche im Woerterbuch Dict           }
  ( Item : ItemTyp    { nach einem Schluessel, Item.key    }
  ; Dict : DictRef    { Nach erfolgreicher Suche enthaelt }
  ) : boolean;        { Item die gesuchte Information      }
                      { und das Ergebnis ist true           }
BEGIN
  ResetStr( Item.key );
  IF Dict = NullRef THEN
    Search := false
  ELSE
    CASE CompStr( Item.key, Dict^.it.key ) OF
      +1: Search := Search( Item, Dict^.Tail );
       0: BEGIN
            Search := true;
            UpdateItem( Dict^.it, Item )
          END;
```

```
      -1: Search := false;
    END { case }
END; { Search }

PROCEDURE Insert              { Einfuegen eines neuen       }
  ( VAR NewItem : ItemTyp { Items in den Bestand        }
  ; VAR Dict : DictRef        { von Dict, wenn dort noch    }
  );                          { kein Item mit demselben     }
  { Schluesselwort vorhanden ist; sonst UpdateItem          }
VAR Tail : DictRef;
BEGIN
  ResetStr( NewItem.key );
  IF Dict = NullRef THEN BEGIN { am Ende der Liste }
    new( Dict );
    Dict^.It := NewItem;
    MakeItem( NewItem );
    Dict^.Tail := NullRef
  END ELSE
    CASE CompStr( NewItem.key, Dict^.It.key ) OF
      +1 : Insert( NewItem, Dict^.Tail );
       0 : UpdateItem( NewItem, Dict^.It );
      -1 : BEGIN { vor Dict einfuegen }
             Tail := Dict;
             new( Dict );
             Dict^.It := NewItem;
             MakeItem( NewItem );
             Dict^.Tail := Tail
           END
    END { case }
END; { Insert }

PROCEDURE ListAll         { Auflisten des Bestandes       }
  ( VAR OutDat : Text { auf OutDat                    }
  ; Dict : DictRef        { von einem Woerterbuch Dict    }
  );                      { in lexikographischer Ordnung }
BEGIN
  WHILE Dict <> NullRef DO BEGIN
    WriteItem( OutDat, Dict^.It );
    Dict := Dict^.Tail
  END { while }
END; { ListAll }
```

11.3 Binärbäume

Die Listen aus dem letzten Abschnitt haben recht angenehme Eigenschaften:

- Sie brauchen nur für so viele Einträge Speicherplatz, wie wirklich vorhanden sind,

- sie lassen sich leicht und fast beliebig erweitern.

Nur die lineare Suche ist ein Nachteil gegenüber dem Feld-Wörterbuch. Wie müßte eine dynamische Datenstruktur aussehen, auf der die *Binärsuche* des Feld-Wörterbuchs angewendet werden könnte?

Um herauszufinden, ob `'sieben'` im Feld enthalten ist, werden nacheinander die folgenden Schlüsselwörter verglichen:

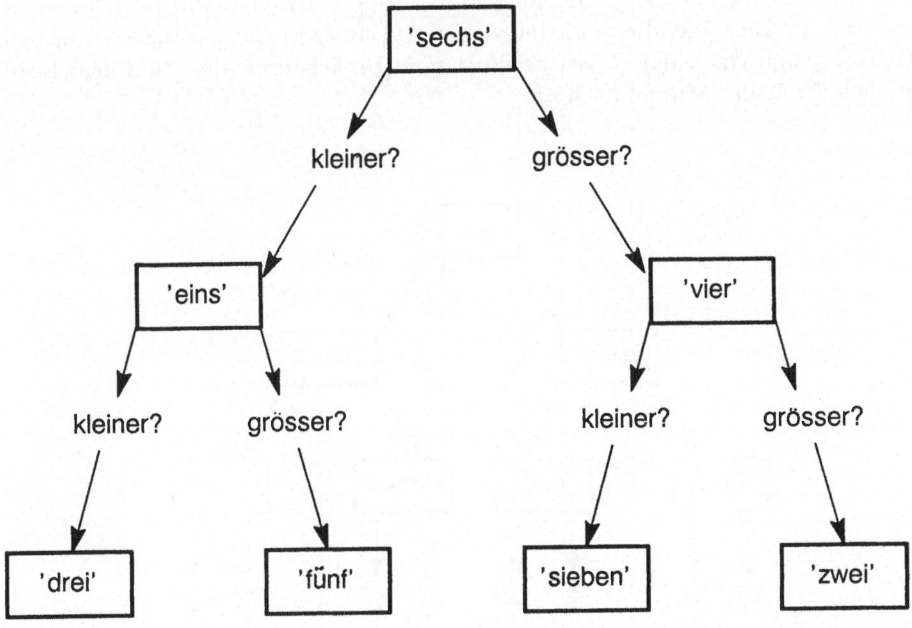

Nun brauchen wir dieses Ablaufdiagramm nur noch als Datenstruktur aufzufassen: zu jedem Eintrag im Wörterbuch `Dict` gehören nicht nur ein Item mit dem Schlüsselwort `Dict^.It.key`, sondern auch noch *zwei* Pointer:

- `Dict^.left`, der nach links weist und einzuschlagen ist, wenn der gesuchte Schlüssel `NewKey` kleiner als `Dict^.It.key` ist und
- `Dict^.rite`, der nach rechts weist und einzuschlagen ist, wenn `NewKey` größer als `Dict^.It.key` ist.

Als *Typvereinbarung*:

```
TYPE
  DictRef = ^Entry;
  Entry = RECORD
    It : ItemTyp;
    left : DictRef;
    rite : DictRef
  END
```

Die so entstandene dynamische Datenstruktur heißt *Binärbaum*: der Anfangsknoten, die `'sechs'`, wird meist auch als *Wurzel* (englisch: root) bezeichnet und die Einträge, die auf keine weiteren Einträge mehr verweisen, [1] heißen Blätter (englisch: leafs). Meist zeichnet man Binärbäume aber "auf dem Kopf stehend" mit der Wurzel nach oben:

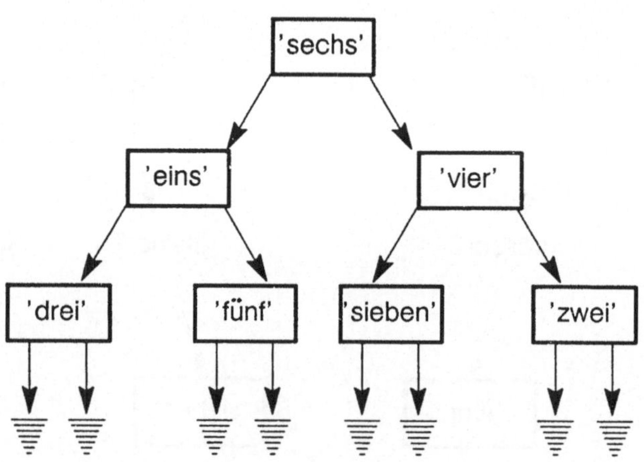

Um einen weiteren Eintrag, hier `'acht'`, in den Binärbaum einzufügen, wird der Baum von der Wurzel aus durchsucht, bis entweder

[1] `left` und `rite` haben dann den Wert `NIL`

- das Schlüsselwort gefunden ist; dann muß aufdatiert werden, oder
- auf ein NIL getroffen wird; dies ist dann die richtige Stelle für den neuen Eintrag.

Will man einen Binärbaum richtig geordnet ausgeben, so muß man

- zuerst den linken Teilbaum ausgeben, auf den `left` zeigt,
- dann das Item selber und
- schließlich den rechten Teilbaum.

Als rekursive Vorschrift auf die Wurzel angewandt, ist die Routine `ListAll` damit schon fertig. Es folgt das Binärbaum-Wörterbuch:

Modul-Implementation 11.3 (Dict-Modul)

```
CONST
  NullRef = NIL;

TYPE
  DictRef = ^Entry;
  Entry = RECORD
    it : ItemTyp;
    left : DictRef;
    rite : DictRef
  END; { Entry }

PROCEDURE MakeDict      { Initialisieren des Anfangs }
  ( VAR Dict : DictRef { eines neuen Dict            }
  );
BEGIN
  Dict := NullRef
END; { MakeDict }

FUNCTION Search          { Suche im Woerterbuch Dict            }
  ( VAR Item : ItemTyp   { nach einem Schluessel, Item.key      }
  ; Dict : DictRef       { Nach erfolgreicher Suche enthaelt    }
  ) : boolean;           { Item die gesuchte Information        }
                         { und das Ergebnis ist true            }
BEGIN
  IF Dict = NullRef THEN
    Search := false
  ELSE
    CASE CompStr( Item.key, Dict^.it.key ) OF
```

```
      -1: Search := Search( Item, Dict^.left );
       0: BEGIN { gefunden }
            Search := true;
            UpdateItem( Dict^.it, Item )
          END;
      +1: Search := Search( Item, Dict^.rite );
    END { case }
END; { Search }

PROCEDURE Insert            { Einfuegen eines neuen      }
  ( VAR NewItem : ItemTyp { Items in den Bestand       }
  ; VAR Dict : DictRef      { von Dict, wenn dort noch   }
  );                        { kein OldItem vorhanden ist }
  { mit demselben Schluesselwort; sonst UpdateItem       }
BEGIN
  IF Dict = NullRef THEN BEGIN { Item einfuegen }
    new( Dict );
    Dict^.it := NewItem;
    MakeItem( NewItem );
    Dict^.left := NullRef;
    Dict^.rite := NullRef
  END ELSE
    CASE CompStr( NewItem.key, Dict^.it.key ) OF
      -1: Insert( NewItem, Dict^.left );
       0: UpdateItem( NewItem, Dict^.it );
      +1: Insert( NewItem, Dict^.rite )
    END { case }
END; { Insert }

PROCEDURE ListAll      { Auflisten des Bestandes       }
  ( VAR OutDat : Text { auf OutDat                    }
  ; Dict : DictRef     { von einem Woerterbuch Dict    }
  );                   { in lexikographischer Ordnung }
BEGIN
  IF Dict = NullRef THEN { Endknoten }
  ELSE WITH Dict^ DO BEGIN
    ListAll( OutDat, left );
    WriteItem( OutDat, it );
    ListAll( OutDat, rite )
  END
END; { ListAll }
```

11.4 B-Bäume

Binärbäume funktionieren in der Praxis leider nicht immer so gut wie in der Theorie. Um das zu verstehen, muß man sich einmal den Baum ansehen, der für Aufgabe 11.1 Seite 132 entsteht, wenn man die Zahlen `'eins'` bis `'sieben'` sukzessive einfügt:

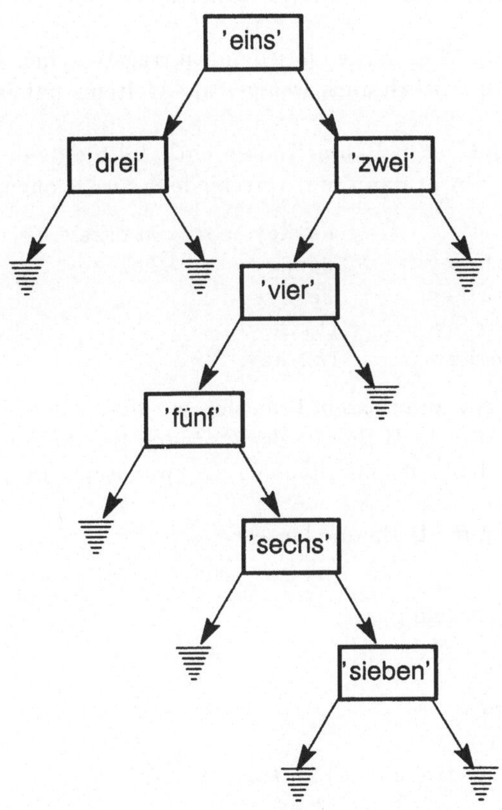

Dieser Baum hat wenig Ähnlichkeit mit dem "optimalen" Binärbaum aus Kapitel 11.3 für dieselben Schlüsselwörter — er ähnelt vielmehr einer Liste. Und der Aufwand bei der Suche eines Eintrags ist eher $N/2$ als $log_2 N$.

Es genügt also nicht, Datenstrukturen zu haben, die man optimal durchsuchen kann, sondern man muß diese optimalen Datenstrukturen auch (automatisch) erzeugen können: optimal bedeutet für Binärbäume, daß die Entfernung von der Wurzel zu allen Blättern möglichst gleich ist. Solche Bäume heißen *balanciert* oder auch ausgeglichen.

Binärbäume auszugleichen, ist eine sehr komplexe Angelegenheit. Diese ist z.B. in [Wirth75, S.160ff] recht gut beschrieben.

Besser, als viel Aufwand in den optimalen Ausgleich zu stecken, ist es, in jedem Schritt einen "vernünftig" balancierten Baum zu haben. Das leisten z.B. die *B-Bäume*, siehe [Wirth75, S.325ff]. Das Geheimnis dieser Bäume besteht darin, daß sie in jedem Eintrag eine *variable* Anzahl von Items aufnehmen können:

B-Bäume der Ordnung M enthalten in jedem Eintrag zwischen M und $2 * M$ Items. Die Wurzel kann natürlich auch weniger als M Items haben, z.B. wenn der Baum leer ist.

Sei also etwa `M=1`, und der B-Baum-Knoten enthalte die beiden Items `It1` und `It2`. Bei der Suche gibt es dann fünf verschiedene Situationen:

1:			`NewKey`	<	`It1.key`
2:	`It1.key`	<	`NewKey`	<	`It2.key`
3:	`It2.key`	<	`NewKey`		
4:	`NewKey`	=	`It1.key`		
5:	`NewKey`	=	`It2.key`		

Um die ersten drei Fälle zu erfassen, brauchen wir drei Pointer — im allgemeinen Fall sind es $2 * M + 1$. B-Bäume der Ordnung `M=1` heißen daher auch $2-3$-*Bäume*, denn die Knoten enthalten bis zu zwei Items und bis zu drei Referenzen.

Die Typ-Vereinbarung für B-Bäume lautet:

```
CONST
  M = ?  { die Ordnung }
  M2 = ?? { M2 = 2*M    }
TYPE
  DictRef = ^Entry;
  Entry = RECORD
    No : 0..M2; { die aktuelle Anzahl }
    It : ARRAY[ 1..M2 ] OF ItemTyp;
    Ref : ARRAY[ 0..M2 ] OF DictRef
  END; { Entry }
```

Einen B-Baum zu *durchsuchen*, ist nicht schwer: Innerhalb eines Eintrags wird das Feld der Items linear durchsucht; für großes `M` könnte man diesen Teil durch die Binärsuche ersetzen. Ist dann eine Referenz auf einen abhängigen Teilbaum gefunden, in den das gesuchte Schlüsselwort gehört, wird die Suche *rekursiv* fortgesetzt.

Schwieriger ist es, ein neues Item einzufügen. Nachdem die ersten sechs Zahlen eingefügt sind, hat der 2-3-Baum folgendes Aussehen (es ist eine gute Übung, dies nachzuprüfen!):

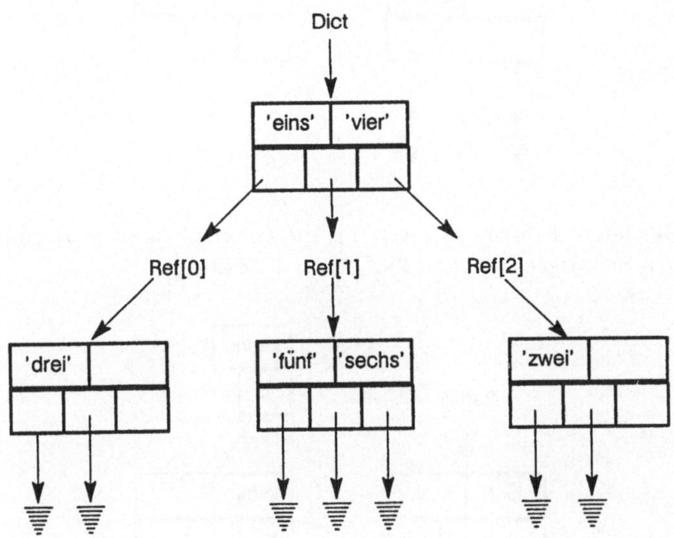

In diesen Baum soll die `'sieben'` eingefügt werden. Dazu sind folgende Schritte nötig:

1. Da im obersten Eintrag von `Dict`

   `'eins' < 'sieben' < 'vier'`

   gilt, wird `Internalinsert( Dict^.Ref[1] )` aufgerufen, d.h. in den mittleren Teilbaum eingefügt.

2. Da in `Dict^.Ref[1]`

   `'sechs' < 'sieben'`

   gilt, wird `Internalinsert( Dict^.Ref[1]^.Ref[2] )` aufgerufen.

3. Da `Dict^.Ref[1]^.Ref[2] = NIL` ist, muß in `Dict^.Ref[1]` eingefügt werden.

4. Da `Dict^.Ref[1]` schon voll ist, muß es zerlegt werden:

   (a) und zwar zunächst in:

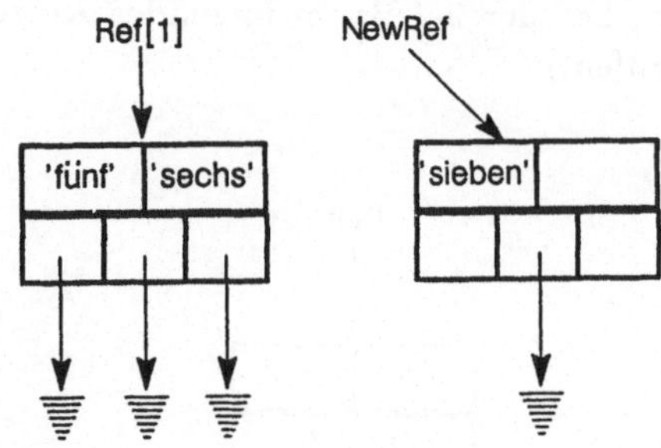

(b) Der letzte Eintrag von `Ref[1]`, die `'sechs'`, wird jetzt zum *trennenden* Schlüssel zwischen `Ref[1]` und `NewRef`:

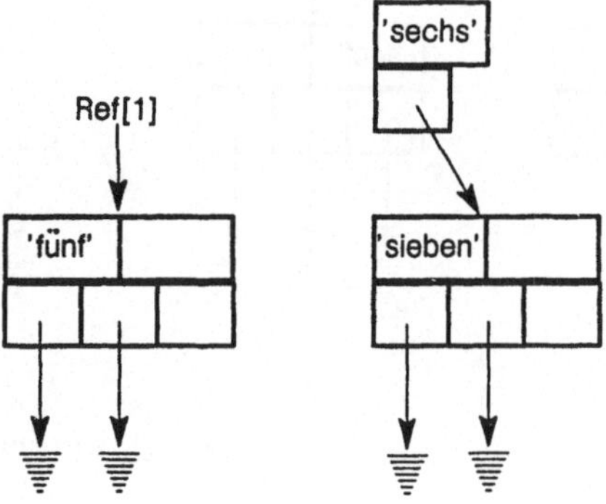

5. Jetzt muß die `'sechs'` mit dem dazugehörigen `NewRef` bei `Dict` eingefügt werden. Da auch dieser Eintrag voll ist, vollzieht sich wiederum eine "Zell-Teilung".

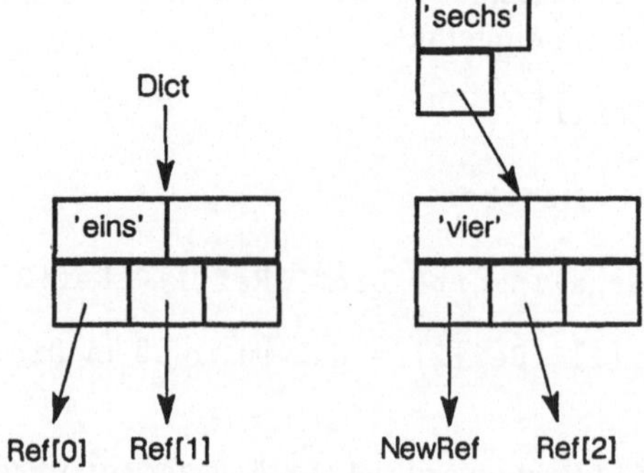

6. Durch Erzeugen einer neuen Wurzel ergibt sich dann am Ende das folgende Bild:

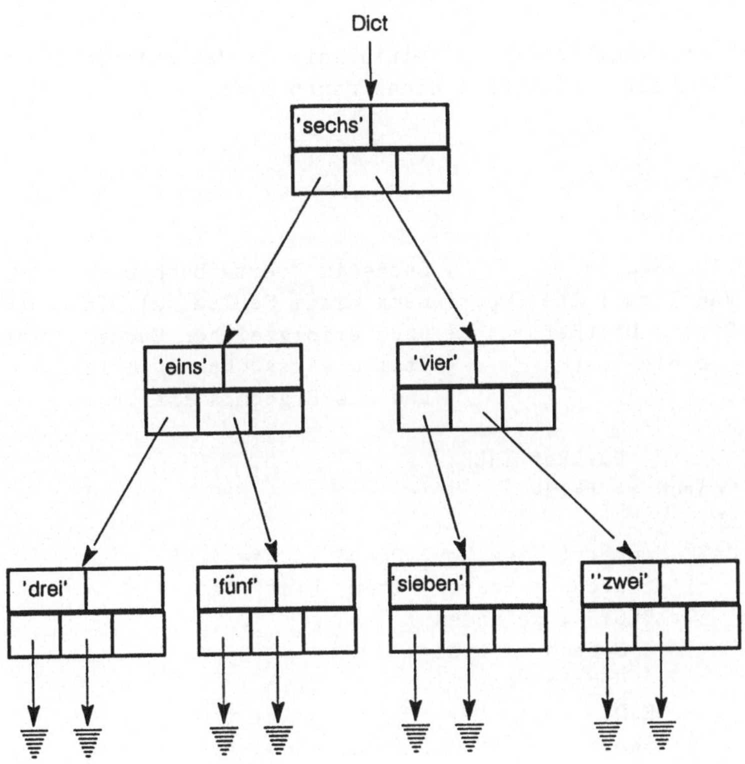

Man sieht: dieser Baum ist balanciert. Auch sein Geheimnis haben wir kennengelernt: er "wächst" (d.h. er erhält zusätzliche Ebenen) nur an der Wurzel und nicht an den Blättern.

Es folgt die Implementation des B-Baums:

Modul-Implementation 11.4: (`Dict`-Modul)

```
CONST
  NullRef = NIL;

TYPE
```

```
    DictRef = ^Entry;
    Entry = RECORD
      it : ItemTyp;
      left : DictRef;
      rite : DictRef
    END; { Entry }

  PROCEDURE MakeDict       { Initialisieren des Anfangs }
    ( VAR Dict : DictRef { eines neuen Dict            }
    );
  BEGIN
    Dict := NullRef
  END; { MakeDict }

  FUNCTION Search              { Suche im Woerterbuch Dict              }
    ( VAR Item : ItemTyp  { nach einem Schluessel, Item.key    }
    ; Dict : DictRef          { Nach erfolgreicher Suche enthaelt }
    ) : boolean;               { Item die gesuchte Information       }
                                    { und das Ergebnis ist true             }
  BEGIN
    IF Dict = NullRef THEN
      Search := false
    ELSE
      CASE CompStr( Item.key, Dict^.it.key ) OF
        -1: Search := Search( Item, Dict^.left );
         0: BEGIN { gefunden }
              Search := true;
              UpdateItem( Dict^.it, Item )
            END;
        +1: Search := Search( Item, Dict^.rite );
      END { case }
  END; { Search }

  PROCEDURE Insert              { Einfuegen eines neuen        }
    ( VAR NewItem : ItemTyp { Items in den Bestand          }
    ; VAR Dict : DictRef      { von Dict, wenn dort noch    }
    );                              { kein OldItem vorhanden ist }
    { mit demselben Schluesselwort; sonst UpdateItem       }
  BEGIN
    IF Dict = NullRef THEN BEGIN { Item einfuegen }
      new( Dict );
      Dict^.it := NewItem;
      MakeItem( NewItem );
      Dict^.left := NullRef;
      Dict^.rite := NullRef
```

```
  END ELSE
    CASE CompStr( NewItem.key, Dict^.it.key ) OF
      -1: Insert( NewItem, Dict^.left );
       0: UpdateItem( NewItem, Dict^.it );
      +1: Insert( NewItem, Dict^.rite )
    END { case }
END; { Insert }

PROCEDURE ListAll        { Auflisten des Bestandes        }
  ( VAR OutDat : Text    { auf OutDat                     }
  ; Dict : DictRef       { von einem Woerterbuch Dict     }
  );                     { in lexikographischer Ordnung   }
BEGIN
  IF Dict = NullRef THEN { Endknoten }
  ELSE WITH Dict^ DO BEGIN
    ListAll( OutDat, left );
    WriteItem( OutDat, it );
    ListAll( OutDat, rite )
  END
END; { ListAll }
```

11.5 Vergleich der Dict-Module

Wenn jetzt alle Vorteile auf Seiten der B-Bäume zu liegen scheinen, muß man kurz den *Aufwand* für deren Verwaltung betrachten: Der Verwaltungsaufwand (engl. Overhead) für ein Item im 2-3-Baum ist im schlimmsten Fall, wenn jeweils nur ein Item pro Eintrag vorliegt, 3 *Pointer* und im besten, bei zwei Items pro Eintrag, $1\frac{1}{2}$ *Pointer* — im Mittel also etwa $2\frac{1}{4}$ Pointer.

Bei Binärbäumen sind es 2 Pointer und bei Listen 1 Pointer. Felder kommen zwar ohne Pointer aus, aber der Overhead steckt an anderer Stelle: beim Verschnitt im Feld.

Die Empfehlung, welche Datenstruktur am besten geeignet ist, muß also von Anwendung zu Anwendung verschieden ausfallen:

1. *Feld*, wenn ein Wörterbuch mit *festem* Bestand und *fester* Anzahl vorliegt.

2. *Binärbaum*, wenn der alte Bestand so eingelesen werden kann, daß ein optimaler Baum entsteht und die neuen Items *zufällig* verteilt sind und

3. sonst *B-Baum*.

Kapitel 12

Strings: Realisierungen und Anwendungen

In Kapitel 9.4 sind wir auf die Problematik von Strings in Pascal eingegangen, haben in Kapitel 9.5 eine Stringschnittstelle definiert und in Kapitel 10.1 eine erste Implementation angegeben, die mit einem "Zeichen-Keller" arbeitet.

Ein Problem bleibt dabei ungelöst: entweder wählt man die Bufferlänge BufLen so groß, daß ein "Überlaufen" unwahrscheinlich wird, oder man verschwendet viel unnötig belegten Platz.

In Kapitel 11 sind dynamische Datenstrukturen eingeführt worden, mit deren Hilfe man diesem Dilemma zu Leibe rücken kann. Als zweite String-Implementation sollen verkettete Zeichenlisten vorgestellt werden.

12.1 Strings als Zeichenlisten

Es liegt nahe, einen String als Liste von Zeichen darzustellen. Die entsprechende Typen-Vereinbarung lautet:

```
TYPE
  StrRef = ^StrTyp;
  StrTyp = RECORD
    c : char;
    next : StrRef
  END; { StrTyp }
```

Bei einer Zeichenliste gibt es keinen Grund, zwischen Str-Strings und Buf-Strings zu unterscheiden, da sie die Vorteile beider in sich vereinigt:

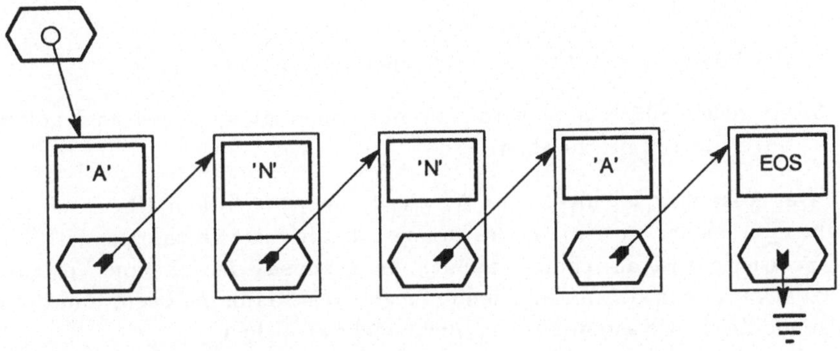

- Zeichenlisten haben keinen ungenutzten Speicherplatz,
- sie lassen sich durch Anhängen weiterer Zeichen-Kästen beliebig oft verlängern. und
- der Speicherplatz kann zurückgegeben werden.

Es gibt aber ein kleines Problem: wenn der `StrRef`-Zeiger durch mehrfaches Lesen auf das letzte `'A'` der `'ANNA'`-Zeichenliste vorgerückt ist, kommt man von dort nicht wieder an den Anfang der Liste zurück, da die Pointer immer nur in eine Richtung zeigen. In der Schnittstellenbeschreibung stehen aber auch Routinen wie `RewriteStr` und `ResetStr`, die realisiert werden müssen. Um an den Anfang zurückzukommen, muß die Zeichenkette geschlossen werden, d.h. der Zeiger des `EOS`-Zeichens muß auf das erste Zeichen zeigen.

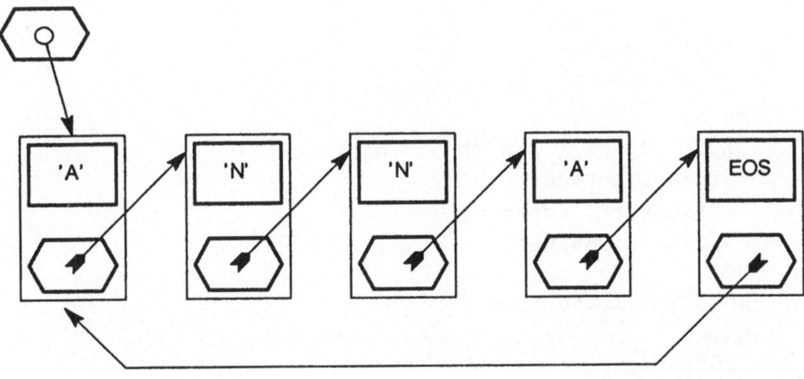

Ein neues Zeichen hängt man folgendermaßen an die Liste an:

1. wenn der `Str`-Zeiger noch nicht am Ende des String steht (also dem `EOS`), wird er vorgerückt;
2. das `EOS` wird mit dem neuen Zeichen überschrieben und
3. ein neuer `EOS`-Kasten wird dahinter eingefügt, ganz wie in Kapitel 11.2 auf Seite 132 beschrieben.

Das `ResetStr` ist nicht sehr schwierig, denn nach dem Überlesen des `EOS` steht man wieder am Anfang des Strings, da die Liste geschlossen ist.

Schwieriger ist da schon `FreeBuf`: ein `dispose( Str )` ohne Vorbereitung schadet nur, denn der vorangehende Zeiger weist dann ins Leere und der nachfolgende Zeichen-Kasten läßt sich nicht mehr erreichen.

Bevor wir also einen Zeichenkasten zurückgeben, klinken wir ihn aus der zirkulären Liste aus. Dies geschieht so lange, bis die Liste nur noch aus einem Zeichenkasten besteht, der gefahrlos zurückgegeben werden kann.

Schwieriger ist das `RewriteStr`: zuerst geht man durch ein `ResetStr` an den Anfang des Strings, läßt den Zeiger des ersten Zeichenkastens auf sich selbst zeigen und wirft alle folgenden Zeichenkästen mit `dispose` weg. So bleibt der erste Zeichenkasten des Strings erhalten. Wenn ein zweiter Pointer vor dem `RewriteStr` auf denselben String zeigt, dann darf er anschließend nicht ins Leere zeigen! Diese Eigenschaft setzen einige Routinen voraus.

Hier folgt nun die Realisierung der Zeichenketten:

Modul-Implementation 12.1 (StrListe)

```
TYPE
  StrRef = ^StrTyp;
  StrTyp = RECORD
    c : char;
    next : StrRef
  END; { StrTyp }
  Str60Typ = PACKED ARRAY[ 1..60 ] OF char;
VAR
  EOS : char; { End Of String = chr(1)}
  OrdAa : integer;
  stringerr : integer;
  NullStr : StrRef;

PROCEDURE InitStrings;
BEGIN
  EOS := chr(1);
  stringerr := 0;
```

```
  OrdAa := ord( 'A' ) - ord( 'a' );
  new( NullStr );
  NullStr^.c := EOS;
  NullStr^.next := NullStr
END; { InitStrings }

FUNCTION GetCh          { hole das naechste Zeichen }
  ( VAR from : StrRef  { vom string from,          }
  ) : char;            { liefere es ab und         }
  { lass from danach auf das folgende Zeichen      }
  { zeigen, wenn moeglich                          }
BEGIN
  GetCh := from^.c;
  IF from^.c <> EOS THEN
    from := from^.next
END; { GetCh }

FUNCTION NextCh     { hole das naechste Zeichen }
  ( from : StrRef { vom String from          }
  ) : char;       { und liefere es ab        }
BEGIN
  NextCh := from^.c
END; { NextCh }

PROCEDURE WriteCh
  ( VAR ToStr : StrRef
  ;     ch : char
  );
VAR nextStr : StrRef;
BEGIN
  IF ch <> EOS THEN BEGIN
    WHILE ToStr^.c <> EOS DO
      ToStr := ToStr^.next;
    ToStr^.c := ch;
    { Ein neues Ende anfuegen }
    nextStr := ToStr^.next;
    new( ToStr^.next );
    ToStr := ToStr^.next;
    ToStr^.next := nextStr;
    ToStr^.c := EOS
  END
END; { WriteCh }

PROCEDURE MakeBuf   { = MakeStr }
  ( VAR Str : StrRef
```

```
  );
BEGIN
  new( Str );
  Str^.next := Str;
  Str^.c := EOS
END; { MakeBuf }

PROCEDURE MakeStr   { = MakeBuf }
  ( VAR Str : StrRef
  );
BEGIN
  new( Str );
  Str^.next := Str;
  Str^.c := EOS
END; { MakeBuf }

PROCEDURE ResetStr
  ( VAR Str : StrRef
  );
BEGIN
  WHILE Str^.c <> EOS DO
    Str := Str^.next;
  Str := Str^.next
END; { ResetStr }

PROCEDURE RewriteStr
  ( VAR Str : StrRef
  );
VAR nextStr : StrRef;
BEGIN
  ResetStr( Str );
  nextStr := Str^.next;
  WHILE nextStr <> Str DO BEGIN
    Str^.next := nextStr^.next;
    dispose( nextStr );
    nextStr := Str^.next
  END;
  Str^.c := EOS
END; { RewriteStr }

PROCEDURE FreeBuf
  ( VAR Str : StrRef
  );
VAR nextStr : StrRef;
BEGIN
```

```
  nextStr := Str^.next;
  WHILE nextStr <> Str DO BEGIN
    Str^.next := nextStr^.next;
    dispose( nextStr );
    nextStr := Str^.next
  END;
  dispose( Str );
  Str := NullStr
END; { FreeBuf }
```

12.2 Eine Kachelverarbeitung für Strings

Die Realisierung von Strings als Zeichenketten ist eine sehr elegante Lösung. Leider hat sie den Nachteil der meisten eleganten Lösungen, daß sie nicht sehr effizient ist. Der *Overhead*, das ist der insgesamt benötigte Speicherplatz im Verhältnis zum Nutzspeicherplatz, ist recht groß. Für jedes einzelne Zeichen, das meist durch 8 Bit dargestellt wird, braucht man einen Pointer, der bei kleineren Rechnern 16 Bit in Anspruch nimmt. Das ist ein Overhead von 200%!

Da liegt die Frage nahe, ob man nicht lieber mehrere Zeichen zu einer sogenannten *Kachel* zusammenfassen sollte und diese Kacheln dann als Liste verbindet. Dadurch entsteht zwar etwas Verschnitt, d.h. ungenutzten Zeichenspeicher, aber der Verwaltungsaufwand ist kleiner als bei der Liste.

Hier ein paar Werte für eine Maschine, die ein Zeichen in 8 Bit und einen Pointer in 16 Bit darstellt. Für eine Kachellänge von 4 Zeichen ergibt sich

Stringlänge	1	2	3	4	5	6	7	8	9
EOS-Zeichen	1	1	1	1	1	1	1	1	1
Verschnitt	2	1	0	3	2	1	0	3	2
Pointeraufwand	2	2	2	4	4	4	4	6	6
Overhead-Faktor(%)	500	200	100	200	140	100	70	125	100

Das bestätigt die Vermutung, daß im Durchschnitt der Overhead bei Kacheln geringer als bei Zeichenketten sein wird.

Es liegt nahe, die Typdefinition dafür so zu formulieren:

```
TYPE
  StrRef = ^StrTyp;
  StrTyp = RECORD
    c : PACKED ARRAY[ 1..BoxLen ] OF char;
    next : StrRef
  END; { StrTyp }
```

Leider ist diese Definition nicht im Einklang mit unserer String-Schnittstelle: hier verweist *eine* Referenz auf die ganze Kachel. In der Schnittstelle wird aber ein Verweis auf einzelne Zeichen benötigt. Also müßte man neben der Kachel-Referenz auch noch die Position innerhalb der Kachel mitführen.

Wir wollen einen anderen Weg gehen und die Kachelverwaltung in einem Zeichenfeld selbst realisieren. Neben den einfacheren `StrRef`'s spricht auch noch etwas anderes für diese Lösung: die meisten `Pascal`-Systeme tun sich schwer, den mit `dispose` zurückgegebenen Speicher auch wirklich wiederzuverwenden. Wir zeigen, daß sich eine eigene *Freispeicherverwaltung* leicht realisieren läßt.

Die zugrunde liegende (globale) Datenstruktur im Modul ist wieder mit Hilfe des Präprozessors aus Kapitel 14 definiert. Konstanten dürfen in `Pascal` nicht berechnet werden. Deshalb ist

```
CONST
  BoxLen1 = Boxlen - 1
```

unzulässig. Wir nehmen diese Berechnung mit Hilfe des Präprozessors vor, der anstelle von `\Expr( ... )` den entsprechenden Wert einsetzt.

```
  \Define(BOXLEN, ?)
  \Define(MAXBOX, ?)    { Die maximale Boxenzahl  }

CONST
  BoxLen = BOXLEN;    { Die Laenge der Kacheln  }
  BoxLen1 = \Expr(BOXLEN-1);
  NullStr = 0;
  MaxBox = MAXBOX;
  MaxStr = \Expr(MAXBOX * BOXLEN) { < maxint }

TYPE
  StrRef = 0..MaxStr;
  BoxRef = 0..MaxBox;

VAR
  zzCh : PACKED ARRAY[ StrRef ] OF char;
  zzNext : ARRAY[ BoxRef ] OF BoxRef;
  zzFree : BoxRef;
```

Zu jedem `BoxRef` gehören die Zeichen

```
zzCh[ BoxRef*BoxLen..BoxRef*BoxLen+BoxLen1 ]
```

und die "*Pointer*" auf die nächste Kachel

```
zzNext[ BoxLen ]
```

Alle freien Speicher sind in der sogenannten *Freispeicherliste* enthalten, auf deren Anfang jeweils zzFree zeigt und die mit MaxBox endet. Sobald also zzFree den Wert MaxBox erreicht hat, ist ein Speicherüberlauf eingetreten, der gemeldet und abgefangen wird.

In dieser Datenstruktur läßt sich der Zeiger zeichenweise vorrücken:

```
IF Str MOD BoxLen < BoxLen1 THEN { innerhalb der Kachel }
  Str := Str + 1
ELSE { zum Anfang der naechsten Kachel gehen }
  Str := zzNext[ Str DIV BoxLen ] * BoxLen
```

Hinter dem letzten Zeichen wird die Kachel mit EOS-Zeichen aufgefüllt und der entsprechende Pointer zzNext zeigt wieder auf den Anfang der Kachelliste.

Beim ResetStr braucht man daher nur das letzte Zeichen jeder Kachel der Liste auf EOS zu überprüfen, um herauszubekommen, ob diese Kachel die letzte des Strings ist, und von dort an den Anfang zu gehen. FreeBuf gibt die Kacheln nach dem Füllen mit EOS-Zeichen an die Freispeicherliste zurück.

RewriteStr nutzt die Tatsache aus, daß der Anfang von Str nach einem FreeBuf auch am Anfang der Freispeicherliste steht: es wird nämlich durch ein FreeBuf gefolgt von einem MakeBuf realisiert.

Es folgt die Realisierung der Kachel-Liste:

Modul-Implementation 12.2 (StrKachel)

```
CONST
  BoxLen = 8;        { Groesse der Kacheln          }
  BoxLen1 = 7;       { = BoxLen - 1                 }
  MaxBox = 4000;     { groesste Kachel              }
  MaxStr = 32007;    { = MaxBox*BoxLen + BoxLen1 }

  NullStr = 0;

TYPE
  StrRef = 0..MaxStr;
  BoxRef = 0..MaxBox;
  Str60Typ = PACKED ARRAY[ 1..60 ] OF char;

VAR
  zzCh : PACKED ARRAY[ StrRef ] OF char;
  zzNext : ARRAY[ BoxRef ] OF BoxRef;
  zzFree : BoxRef;
  stringerr : integer;
  OrdAa : integer;
  EOS : char;                { End Of String }
```

```
PROCEDURE InitStrings;
VAR s : StrRef;
BEGIN
  EOS := chr( 1 );
  stringerr := 0;
  OrdAa := ord( 'A' ) - ord( 'a' );
  FOR s := 0 TO MaxStr DO
    zzCh[ s ] := EOS;
  zzFree := 1;
  FOR s := 1 to MaxBox-1 DO
    zzNext[s] := s + 1;
  zzNext[ MaxBox ] := MaxBox;
  zzNext[ NullStr ] := NullStr
END; { InitStrings }

FUNCTION GetCh
  ( VAR from : StrRef
  ) : Char;
BEGIN
  GetCh := zzCh[ from ];
  IF zzCh[ from ] = EOS THEN { Ende erreicht }
  ELSE IF from MOD Boxlen = Boxlen1 THEN
    from := zzNext[ from DIV BoxLen ]*BoxLen
  ELSE
    from := from + 1
END; { GetCh }

FUNCTION NextCh
  ( VAR from : StrRef
  ) : char;
BEGIN
  NextCh := zzCh[ from ]
END; { NextCh }

PROCEDURE WriteCh
  ( VAR ToStr : StrRef
  ;     ch : char
  );
VAR NextStr : StrRef;
BEGIN
  IF ch <> EOS THEN BEGIN
    WHILE zzCh[ toStr ] <> EOS DO
      IF toStr MOD BoxLen < BoxLen1 THEN
        ToStr := ToStr + 1
      ELSE
```

```
          ToStr := zzNext[ ToStr DIV BoxLen ] * BoxLen;
      zzCh[ ToStr ] := ch;
      IF ToStr MOD BoxLen < BoxLen1 THEN
        ToStr := ToStr + 1
      ELSE IF zzFree <> MaxBox THEN BEGIN { Add Box }
        ToStr := ToStr DIV BoxLen;
        NextStr := zzNext[ ToStr ];
        zzNext[ ToStr ] := zzFree;
        zzFree := zzNext[ zzFree ];
        ToStr := zzNext[ ToStr ];
        zzNext[ ToStr ] := NextStr;
        ToStr := ToStr * BoxLen
      END ELSE BEGIN
        write( '*** overflow ***' );
        stringerr := 1;
        zzCh[ ToStr ] := EOS
      END
    END
  END; { WriteCh }

  PROCEDURE ResetStr
    ( VAR Str : StrRef
    );
  VAR s : StrRef;
  BEGIN
    { Ruecke s zur letzten Kachel vor }
    s := Str DIV BoxLen;
    WHILE zzCh[ s*BoxLen + BoxLen1 ] <> EOS DO
      s := zzNext[ s ];
    Str := zzNext[ s ] * BoxLen
  END; { ResetStr }

  PROCEDURE MakeBuf
    ( VAR Str : StrRef
    );
  VAR NextStr : StrRef;
  BEGIN
    IF zzFree = MaxBox THEN BEGIN
      FOR NextStr := MaxBox*BoxLen TO MaxStr DO
        zzCh[ NextStr ] := EOS;
      write( '*** overflow ***')
    END;
    Str := zzFree;
    zzFree := zzNext[ zzFree ];
    zzNext[ Str ] := Str;
```

```
    Str := Str * BoxLen
  END; { MakeBuf }

  PROCEDURE MakeStr
    ( VAR Str : StrRef
    );
  BEGIN
    MakeBuf( Str )
  END; { MakeStr }

  PROCEDURE FreeBuf
    ( VAR Str : StrRef
    );
  VAR s, t : StrRef;
  BEGIN
    Str := Str DIV BoxLen;
    s := Str;
    REPEAT
      FOR t := s * BoxLen TO s * BoxLen + BoxLen1 DO
        zzCh[ t ] := EOS;
      t := s;
      s := zzNext[ s ]
    UNTIL s = Str;
    zzNext[ t ] := zzFree;
    zzFree := Str;
    Str := Nullstr
  END; { FreeBuf }

  PROCEDURE RewriteStr
    ( VAR Str : StrRef
    );
  BEGIN
    FreeBuf( Str );
    MakeBuf( Str )
  END; { RewriteStr }
```

12.3 Vergleich der String-Implementationen

Wir wissen schon, daß die Stack/Heap-Realisierung (StrArray) der Strings am effizientesten mit dem Speicherplatz umgeht. Dafür ist sie nicht besonders flexibel. Die Realisierung durch eine Zeichenliste ist zwar besonders flexibel, verbraucht aber für deren Verwaltung recht viel Speicherplatz. Wo ist die Kachel-Realisierung hier einzuordnen? Sicher hängt deren Speicherplatzeffizienz auch nicht unwesentlich von der Größe der Kacheln ab: wenn die Kacheln sehr groß gewählt werden, entsteht viel Verschnitt; wenn sie sehr klein gewählt werden, ähneln sie einer Zeichenliste, brauchen also viel Platz für die Verwaltung.

Um ein Gefühl dafür zu bekommen, welcher Wert für die Kachelgröße optimal ist, wollen wir ihn für die Wörter des ersten Kapitels dieses Buches bestimmen. Dazu gehen wir folgendermaßen vor:

1. Mit Hilfe des Programms für die Worthäufigkeit bestimmen wir die im Text vorkommenden Wörter und deren Häufigkeit.

2. Sei

   ```
   VAR Count : ARRAY[ 1..80 ] OF integer;
   ```

   mit Nullen vorbesetzt. Danach berechnen wir für jedes Item

   ```
   len := length( Item.key );
   Count[ len ] := Count[ len ] + Item.inf
   ```

   und erhalten so eine Statistik der Wortlängen im ersten Kapitel. Der benötigte Speicher wird in

   ```
   VAR require : ARRAY[ 1..20 ] OF integer;
   ```

   für BoxLen zwischen 1 und 20 durch folgende Formel berechnet:

   ```
   FOR len := 1 TO 80 DO
     FOR BoxLen := 1 TO 20 DO
       require[ BoxLen ] := require[ BoxLen ] +
               ( len DIV BoxLen + 1 ) * ( 2 + BoxLen )
               * Count[ len ];
   ```

Hier das Ergebnis:

BoxLen	1	2	3	4	5	6	7	8
require	48837	34700	30520	28566	28049	28288	28817	29690

12.4 Weitere Hilfsroutinen für Strings

Wir haben schon in Kapitel 9.6 drei Hilfsroutinen kennengelernt, die auf dem Str-Modul aufbauend einige nützliche Funktionen realisierten.

```
PROCEDURE WriteStr     { Ausgabe eines String }
  ( VAR OutDat : Text { nach OutStr          }
  ; InStr : StrRef     { von InStr            }
  );
```

```
FUNCTION ReadWord     { Einlesen eines Wortes  }
  ( VAR InDat : Text { von InDat               }
  ; OutStr : StrRef   { nach OutStr;            }
  ) : boolean;        { true, wenn erfolgreich }

FUNCTION CompStr  { vergleicht und liefert: }
  ( left : StrRef {  -1, falls left < rite  }
  ; rite : StrRef {   0, falls left = rite  }
  ) : integer;    {  +1, falls left > rite  }
```

Im vorigen Abschnitt wurde folgende Hilfsroutine verwendet:

```
FUNCTION Length { Erzeugt die Laenge des Strings s }
  ( s : StrRef
  ) : integer;
VAR
  len : integer;
  ch : char;
BEGIN
  len := 0;
  ResetStr( s );
  WHILE GetCh( s ) <> EOS DO BEGIN
    len := len + 1
  END;
  Length := len
END; { Length }
```

Als Vorbereitung auf den nächsten Abschnitt definieren wir

Beispiel 12.4: (ReadLine)

```
FUNCTION ReadLine          { Lies eine Zeile            }
  ( VAR InDat : Text       { von InDat                  }
  ; VAR OutStr : StrRef    { in den Puffer OutStr.      }
  ) : boolean;             { true, wenn erfolgreich     }
VAR ch : char;
    s : StrRef;
BEGIN
  RewriteStr( OutStr );
  s := OutStr;
  IF eof( InDat ) OR ( stringerr < 0 ) THEN
    ReadLine := false
  ELSE BEGIN
```

```
    ReadLine := true;
    WHILE NOT eoln( InDat ) DO BEGIN
      read( InDat, ch );
      WriteCh( s, ch )
    END;
    readln( InDat )
  END { else-if }
END; { ReadLine }
```

Die "umgekehrte" Routine `WriteLine` entspricht genau `WriteStr`, gefolgt von einem Zeilenvorschub. Zum Kopieren von Strings auf Strings dient

Beispiel 12.5: (`CopyStr`)

```
PROCEDURE CopyStr      { kopiere                     }
  ( InStr : StrRef     { den String InStr            }
  ; OutStr : StrRef);  { hinten an den String OutStr }
BEGIN
  WHILE NextCh( InStr ) <> EOS DO
    WriteCh( OutStr, getch( InStr ) )
END; { CopyStr }
```

Diese Routine kopiert `InStr` von der aktuellen Position hinter das letzte Zeichen von `OutStr`. Will man wirklich eine *Kopie* eines Strings herstellen, so muß man *vorher* `InStr` mit `ResetStr` an den Anfang setzen und `OutStr` mit `RewriteStr` löschen.

Zwei weitere Routinen dienen dazu, ganze Zahlen in ihre String-Repräsentation zu verwandeln und umgekehrt.

Beispiel 12.6: (Integer-Hilfsroutinen)

```
PROCEDURE IntToStr { Wandle                  }
  ( i : integer    { die Integer-Zahl i      }
  ; Str : StrRef); { um in den String Str.}
VAR pot : integer; { Zehnerpotenz            }
BEGIN
  pot := 10000;    { maximale Zehnerpotenz }
  IF i < 0 THEN BEGIN
    WriteCh( Str, '-' );
    i := -i
  END;
  WHILE ( i DIV pot = 0 ) AND ( pot > 1 ) DO
    pot := pot DIV 10;
```

```
  REPEAT
    WriteCh( Str, chr( i DIV pot + ord( '0' )));
    i := i MOD pot;
    pot := pot DIV 10
  UNTIL pot <= 0
END; { IntToStr }


FUNCTION StrToInt     { Wandle den String St    }
  ( VAR Str : StrRef  { in die Integer-Zahl um  }
  ) : integer;        { und liefere sie ab.     }
VAR Resultat : integer;
    ch : char;
    MinusZeichen : boolean;
BEGIN
  Resultat := 0;
  IF NextCh( Str ) IN [ '+', '-' ] THEN BEGIN
    ch := GetCh( Str );
    MinusZeichen := ( ch = '-' )
  END;
  WHILE NextCh( Str ) IN [ '0'..'9' ] DO BEGIN
    ch := Getch( Str );
    Resultat := Resultat*10 + ord( ch ) - ord( '0' )
  END;
  IF MinusZeichen THEN
    StrToInt := -Resultat
  ELSE
    StrToInt := Resultat
END; { StrToInt }
```

Einer der Nachteile unserer Strings gegenüber den Stringerweiterungen in UCSD-Pascal oder TURBO-Pascal ist, daß sie die Zuweisung

```
BspStr := 'Beispiel';
```

für Zeichenketten allgemeiner Länge nicht zulassen. Sicher wären wir auch schon mit einem Prozeduraufruf zufrieden, der für die Zuweisung sorgt:

```
AssignStr( BspStr, 'Beispiel' );
```

Das ist aber nicht einfach, denn nach dem ISO-Standard der Stufe 0 haben Zeichenketten mit verschiedenen Längen auch verschiedene Typen. Im ISO-Standard der Stufe 1, für den es bisher kaum Implementationen gibt, kann man `AssignStr` mit sogenannten "konformanten Feldern" realisieren. Wir müssen uns zunächst mit festen Längen bescheiden:

```
PROCEDURE AssignStr60  { Weise die Zeichenkette Str60        }
  ( VAR Str : StrRef   { mit Maximallaenge 60 und aktueller }
  ; Strlen : integer   { Laenge StrLen dem String Str zu    }
  ; Str60 : Str60Typ
  );
VAR
  i : integer;
  s : StrRef;
BEGIN
  RewriteStr( Str );
  s := Str;
  FOR i := 1 TO StrLen DO
    WriteCh( s, Str60[i] )
END; { AssignStr60 }
```

Im Kapitel 14 ziehen wir uns dann mit dem Präprozessor an den eigenen Haaren aus dem Sumpf: Der *Makrobefehl*

```
\AssignStr( BspStr, 'Beispiel' )
```

wird vom Makro-Präprozessor umgewandelt in:

```
AssignStr60( BspStr, 8,
'Beispiel␣␣ ␣␣␣␣␣␣␣␣␣␣ ␣␣␣␣␣␣␣␣␣␣ ␣␣␣␣␣␣␣␣␣␣ ␣␣␣␣␣␣␣␣␣␣ ␣␣␣␣␣␣␣␣␣␣')
```

Dabei wird die Zeichenkette `'Beispiel'` mit Leerzeichen auf eine Länge von 60 Zeichen aufgefüllt. Damit haben wir dann die Zuweisung mit den Mitteln von Standard-Pascal gelöst.

Weitere String-Hilfsroutinen werden wir in den folgenden Kapiteln kennenlernen:

`CopyToken` zum Kopieren lexikalischer Einheiten eines Pascal-Programms, wie z.B. Bezeichner in Beispiel 12.7 des nächsten Abschnitts.

`CopyWord` zum Kopieren eines Wortes (getrennt durch Leerzeichen) mit Rückgabe der Länge des Wortes, siehe Abschnitt 13.2.

`CopyArg` zum Kopieren einzelner Argumente eines Makroaufrufs und **SkipArgs**, das die Argumente überliest, siehe Abschnitt 14.2.

12.5 Lexikalische Analyse für Pascal

Die Übersetzung eines Pascal-Programms besteht aus drei Teilen:

- der *lexikalischen Analyse*, in der die "Worte" der Sprache erkannt werden, wie z.B. Bezeichner, Zahlen, Kommentare und Strings,

- der *syntaktischen Analyse*, wo überprüft wird, ob die "Worte" einen korrekten "Satz" der Sprache formen, und

- der *Code-Erzeugung*, wo den "Sätzen" der Sprache die "Bedeutung" in der Sprache des ausführenden Prozessors zugeordnet wird.

In diesem Abschnitt wollen wir uns mit dem ersten Teil, der lexikalischen Analyse befassen, denn wir brauchen sie als Vorbereitung für die Aufgabe 9.3, den Cross-Referenz-Ausdruck. Die lexikalische Analyse ist ein "Scann"-Vorgang, d.h. das Programm wird zeichenweise eingelesen und den *Token*, den lexikalischen Elementen der Sprache, zugeordnet. Wir unterscheiden dabei folgende *Token-Typen*:

Identifier	:	ein Pascal-Bezeichner;
Number	:	eine Pascal-Zahl (real oder integer);
CommStart	:	der erste Teil eines Kommentars, beginnend mit { oder (*, solange die Kommentar-Ende Klammer } oder *) noch nicht gefunden wurde;
CommEnd	:	das Ende eines Kommentars wurde erkannt;
StrStart	:	der String-Anfang wurde gelesen;
StrEnd	:	das String-Ende wurde gelesen;
Semikolon	:	das Trennelement für Vereinbarungen und Anweisungen;
EscSeq	:	Kommandos an den Präprozessor, wie z.B. \include;
EndToken	:	das dem Zeilenende entspricht;
Other	:	umfaßt alles andere.

Für einen Pascalübersetzer müßte die letzte Klasse noch viel genauer sein, denn eine Syntaxanalyse muß zwischen verschiedenen Klammern, Operatoren usw. unterscheiden.

Die Routine CopyToken hat eine klare Zweiteilung: Im ersten Teil wird aus dem vorhergehenden TokenTyp und dem ersten Zeichen auf das nächste Token geschlossen:

Identifier	bei	Buchstaben
Number	bei	Ziffern
CommStart	bei	'{' oder '(*'
StrStart	beim	Apostroph '''

Im zweiten Teil wird dieses Token dann bis zum Ende gelesen. Bei *Identifier* oder *Number* ist das stets möglich, aber Kommentare können Zeilengrenzen überschreiten: daher die Aufteilung in *CommStart* und *CommEnd*.

Beispiel 12.7: (CopyToken)

```
CONST
  ESC = '\';  { Escape Zeichen }

TYPE
  TokenTyp = ( Identifier, Number, CommStart, CommEnd,
               StrStart, StrEnd, Semikolon, EscSequ,
               EndToken, Other );

VAR
  NewItem : ItemTyp;
  zzLine : StrRef;
  zzLineNo : integer;
  Token : TokenTyp;
  ESC : char;

FUNCTION CopyToken              { kopiere ein Token              }
  ( VAR InStr : StrRef  { vom Eingabestring InStr          }
  ; VAR OutStr: StrRef  { zum Ausgabestring OutStr         }
  ; VAR Token: TokenTyp { ermittle den Typ;                }
  ) : boolean;          { false, wenn InStr am Ende war }
VAR ch : char;
    s : StrRef;
BEGIN
  RewriteStr( OutStr );
  s := OutStr;
  ch := NextCh( InStr );
  IF ( ch = EOS ) THEN BEGIN
    IF NOT ( Token IN [ Commstart, CommEnd, StrStart ] ) THEN
      Token := Other;
    CopyToken := false
  END ELSE BEGIN
    CopyToken := true;
  IF NOT ( ( Token IN [ CommStart, StrStart ] )
        OR ( ch = EOS ) ) THEN BEGIN
    writech( s, getch( InStr ));
    IF ch IN [ 'a'..'z', 'A'..'Z' ] THEN
      Token := Identifier
    ELSE IF ch IN [ '0'..'9' ] THEN
      Token := Number
    ELSE IF ch = ';' THEN
      Token := Semikolon
    ELSE IF ( ch = '{' ) THEN
```

```
      Token := CommStart
    ELSE IF ( ch = '(' )
            AND ( NextCh( InStr ) = '*' ) THEN BEGIN
      Token := CommStart;
      WriteCh( s, getch( InStr ));
      ch := NextCh( InStr )
    END
    ELSE IF ch = '''' THEN
      Token := StrStart
    ELSE IF ch = ESC THEN
      Token := EscSequ
    ELSE
      Token := Other
  END { if-then };

  CASE Token OF
    Identifier:
      WHILE NextCh( InStr ) IN
          [ 'a'..'z','A'..'Z', '0'..'9' ] DO
        WriteCh( s, getch( InStr ) );
    Number:
      WHILE NextCh( InStr ) IN
            [ '0'..'9','.','E','+','-' ] DO
        WriteCh( s, getch( InStr ));
    CommStart:
      BEGIN
        WHILE ( ch <> '}' ) AND ( ch <> EOS ) DO
          IF ( ch = '*' ) AND
             ( NextCh( InStr ) = ')' ) THEN BEGIN
            WriteCh( s, getch( InStr ));
            ch := '}'
          END
          ELSE BEGIN
            ch := getch( InStr );
            WriteCh( s, ch )
          END;
        IF ch = '}' THEN
          Token := CommEnd
      END;
    StrStart:
      BEGIN
        WHILE NOT ( NextCh( InStr ) IN [ '''', EOS ] ) DO
          WriteCh( s, getch( InStr ));
        IF nextch( InStr ) = '''' THEN BEGIN
```

```
            Token := StrEnd;
            WriteCh( s, getch( InStr ))
          END
        END; { StrStart }
      EscSequ:
        WHILE ( nextch( InStr ) IN
              [ 'a'..'z', 'A'..'Z', '0'..'9', '.' ] ) OR
              ( nextch( InStr ) = ESC ) DO
          WriteCh( s, getch( InStr ));
      Semikolon, EndToken: { skip };
      Other:
        WHILE NOT ( ( nextch( InStr ) IN
                    [ 'a'..'z', 'A'..'Z', '0'..'9',
                      ';', '{', '(', '''', EOS ] )
                    OR ( nextch( InStr ) = ESC ) ) DO
          WriteCh( s, GetCh( InStr ))
    END { case }
    END
  END; { CopyToken }
```

12.6 Die Cross-Referenz Aufgabe

Nach all diesen Vorbereitungen können wir jetzt die Aufgabe 9.3 in Angriff nehmen und zwar zuerst die dazugehörigen Items.

Der String `NewItem.key` wird nacheinander die Bezeichner des Programms enthalten. Da Bezeichner innerhalb von Kommentaren bzw. Zeichenketten lexikalisch gesehen *keine* korrekten Bezeichner sind, werden wir die Routine CopyToken aus Kapitel 12.5, Seite 163 bemühen müssen, um in **ReadItem** die Schlüsselwörter einzulesen.

Nach dem Einlesen soll der Buffer `NewItem.inf` die String-Repräsentation der aktuellen Zeilenzahl enthalten. Die Routine **ReadItem** liest, wenn nötig, eine neue Zeile ein, um das nächste Token zu finden. Als Seiteneffekt wird dabei diese neue Zeile mit der zugehörigen Zeilennummer ausgedruckt. Wenn der Zeilenumbruch innerhalb eines Kommentars stattfindet, wird dies mit einem `C` kenntlich gemacht, und wenn innerhalb eines Strings, mit einem `S`. Eine solche Kennzeichnung hilft *Fehlersituationen* zu erkennen, in denen eine Kommentarklammer oder ein Apostroph versehentlich vergessen wurden.

Neben dieser Routine **ReadItem** ist an diesem Item-Modul nur noch die **UpdateItem**-Routine bemerkenswert. Wenn ein Identifier aufdatiert werden soll, dann wird die Zeilennummer (als String) an die schon vorhandene Zeilennummer angehängt. Es ist daher sinnvoll, eine **Str**-Realisierung zu wählen, in der die Buffer-Länge nicht beschränkt ist — also z.B. die Kachel-Realisierung.

Modul-Implementation 12.8: (CrossRef-Item)

```
TYPE
  ItemTyp = RECORD
    key : StrRef;
    inf : StrRef
  END; { ItemTyp }
  TokenTyp = ( Identifier, Number, CommStart, Commend,
               StrStart, StrEnd, Semikolon, EscSequ,
               EndToken, Other );

VAR
  NewItem : ItemTyp;
  zzLine : StrRef;
  zzLineNo : integer;
  Token : TokenTyp;
  ESC : char;

\Include(CopyToken)

PROCEDURE MakeItem
  ( VAR Item : ItemTyp
  );
BEGIN
  MakeBuf( Item.inf );
  MakeStr( Item.key )
END;

PROCEDURE InitItems;
BEGIN
  ESC := '\\';
  MakeBuf( zzLine );
  MakeItem( NewItem );
  Token := Other;
  zzLineNo := 0
END; { InitItems }

FUNCTION ReadItem          { Lies einen Bezeichner  }
  ( VAR Eingabe : Text { von der Programm-Datei }
  ; VAR Item : ItemTyp { nach Item;             }
  ) : boolean;            { true, wenn erfolgreich }
LABEL 999;                { break                  }

{ globale Variable :
    zzLine : StrRef    --- aktuelle Zeile von Eingabe
zzLineNo : integer  --- aktuelle Zeilennummer      }
```

```
BEGIN
  ReadItem := true;
  REPEAT
    IF CopyToken( zzLine, Item.key, Token ) THEN { gefunden }
    ELSE IF NOT ReadLine( Eingabe, zzLine ) THEN BEGIN
      ReadItem := false; { keine weiteren Zeilen vorhanden }
      GOTO 999 { break }
    END { else-if }
    ELSE BEGIN { neue Zeile }
      zzLineNo := zzLineNo + 1;
      write( zzLineNo:4 );
      IF Token = StrStart THEN write( 'S ' )
      ELSE IF Token = CommStart THEN write( 'C ' )
      ELSE write( ': ' );
      WriteLine( Output, zzLine )
    END
  UNTIL Token = Identifier;
999:
  RewriteStr( Item.inf );
  IntToStr( zzLineNo, Item.inf )
END; { ReadItem }

PROCEDURE WriteItem
  ( VAR Ausgabe : Text
  ; VAR Item : ItemTyp );
BEGIN
  WriteLine( Ausgabe, Item.key );
  WriteLine( Ausgabe, Item.inf )
END; { WriteItem }

PROCEDURE UpdateItem
  ( VAR NewItem : ItemTyp
  ; VAR OldItem : ItemTyp
  );
BEGIN
  RewriteStr( OldItem.inf );
  CopyStr( NewItem.inf, { to } OldItem.inf );
  ResetStr( NewItem.inf )
END; { UpdateItem }
```

Als Cross-Referenz-Routine könnte man die `Dictionary`-Routine aus Beispiel 9.7a verwenden. Dann würden die reservierten Wörter aber mit in der Cross-Referenz-Liste aufgeführt.

Dies läßt sich durch ein zweites Wörterbuch ResDict vermeiden, in das die reservierten Worte von Pascal eingetragen werden. Nur wenn ein Bezeichner nicht in diesem Wörterbuch ResDict vorhanden ist, wird er in die Cross-Referenz-Liste aufgenommen.

Hier nun das vollständige Programm.

Lösung 9.3 (Cross Referenz)

```
PROGRAM CrossRef( input, output, ResWords );
VAR ResWords : Text;

    Variables, Reserved : DictRef;
    { Woerterbuch fuer Variable und reservierte Woerter }

\Module(stringlist)
\Include(strutil.i)
\Module(syst)
\Module(itemstst)
\Module(dictbinbaum)

BEGIN
  InitStrings; InitItems;
  IF Assignread( Reswords, MessToStr( 'reserved.dat' )) THEN;

  MakeDict( Reserved );
  WHILE ReadItem( ResWords, NewItem ) DO
    Insert( NewItem, Reserved );

  InitItems;
  MakeDict( Variables );
  WHILE ReadItem( Eingabe, NewItem ) DO BEGIN
    IF NOT Search( NewItem, Reserved ) THEN
      Insert( NewItem, Variables )
  END;
  ListAll( Ausgabe, Variables );
END\.
```

Kapitel 13

Formatierung

Das Thema dieses Kapitels soll die Formatierung sein, insbesondere die Formatierung von Texten und Programmen.

Unter Formatierung versteht man das Positionieren von Zeichen auf Seiten. Dabei sind folgende Aufgaben zu lösen:

1. Der *Zeilenumbruch*:

   Vor der Formatierung stellt sich der Text als eine Folge von Wörtern dar. Aufgabe des Zeilenumbruchs ist es,

   - die notwendigen Zeilenvorschübe einzufügen und
   - die Positionierung der Wörter innerhalb der Zeile vorzunehmen, also zu zentrieren, auszurichten, einzurücken usw.

2. Der *Seitenumbruch*:

   Nach dem Zeilenumbruch besteht der Text aus einer Folge von Zeilen. Aufgabe des Seitenumbruches ist es,

   - die notwendigen Seitenvorschübe vorzunehmen und insbesondere Kopf- und Fußzeilen einzufügen,
   - die Positionierung der Zeilen auf der Seite vorzunehmen, so daß der gewünschte Zeilenabstand erreicht wird.

Da der Zeilenumbruch für Texte und Programme grundverschieden, der Seitenumbruch jedoch gleich ist, liegt es nahe, drei Routinen zu konzipieren:

`PagePrint` übernimmt die Seitenformatierung. Um damit auch Texte ausgeben zu können, die überlange Zeilen haben, werden diese von `PagePrint` in zwei aufeinanderfolgende Zeilen zerlegt — eine solche Situation könnte bei Programmen oder Texten auftreten, die noch *nicht* "zeilenformatiert" wurden.

`Format` übernimmt die Zeilenformatierung von *Texten* mit Randausgleich, sofern es gewünscht wird.

`Pretty` formatiert *Programme*, d.h. abhängig von *lexikalischen* und *syntaktischen* Informationen werden Zeilenvorschübe und Einrückungen vorgenommen.

13.1 Eine Schnittstelle zum Filesystem

Wir haben `Pascals` (Text-) Dateien kennengelernt. Sie werden in der `PROGRAM`-Anweisung als Parameter angegeben und müssen dann innerhalb des Hauptprogramms noch einmal als Variable vereinbart werden.

Hier wäre es natürlich angenehm, wenn sich diese Dateiparameter genauso wie Prozedurparameter vereinbaren ließen — nämlich *innerhalb* der Programmanweisung.

Leider legt der `Pascal`-Standard nicht fest, wie sich die realen Dateien des Betriebssystems mit den `Pascal`-Dateien verknüpfen lassen.

Außerdem möchte man natürlich diese Verknüpfung interaktiv schaffen können, d.h. innerhalb des Programms den Benutzer nach einem Dateinamen fragen können und dann die entsprechende reale Datei einer `Pascal`-Datei "zuweisen". Eine solche `Pascal`-Erweiterung gibt es bei fast allen Übersetzern. Leider sind die Erweiterungen nicht immer gleich, so daß `Pascal`-Programme, die diese Erweiterungen benutzen, nicht mehr *portabel* sind; d.h. für andere `Pascal`-Compiler müssen die Programme an diesen Stellen geändert werden.

Um diese Änderung auf drei Routinen zu beschränken, definieren wir folgende (System-) String-Hilfsroutinen:

Hilfroutinen 13.1a (Prompt Utils)

Die folgenden drei Routinen zeichnen sich dadurch aus, daß sie den Str-Modul *nicht* voraussetzen:

```
FUNCTION PromptReset   { Fordere den Benutzer auf, den Namen }
  ( VAR InDat : Text   { einer realen Datei anzugeben, und   }
  ) : boolean;         { verbinde sie mit InDat;             }
                       { true, wenn reset moeglich war       }

FUNCTION PromptRewrite { Fordere den Namen                   }
  ( VAR OutDat : Text  { einer realen Datei, und             }
  ) : boolean;         { verbinde sie mit OutDat;            }
                       { true, wenn rewrite moeglich war     }

PROCEDURE Close        { Schliesse eine Datei                }
  ( VAR Dat : Text
  );
```

Hilfs-Routinen 13.1b: (StrFileUtils)

Wenn man aber den Str-Modul sowieso braucht, ist es angenehmer, mit der folgenden Version der Routinen zu arbeiten:

```
FUNCTION AssignReset       { Verbinde die                      }
  ( VAR InDat : Text       { Pascal-Datei InDat mit            }
  ; InDatName : StrRef     { der realen Datei InDatName        }
  ) : boolean;             { true, wenn reset moeglich war     }

FUNCTION AssignRewrite     { Verbinde die                      }
  ( VAR OutDat : Text      { Pascal-Datei OutDat mit           }
  ; OutDatName : StrRef    { der realen Datei OutDatName,      }
  ) : boolean;             { true, wenn rewrite moeglich war}

PROCEDURE Close            { Loese die Verbindung der Pascal}
  ( VAR Dat : Text         { Datei Dat mit einer realen        }
   );                      { und schliesse diese               }
```

Um ein Beispiel zu geben, wie diese Routinen implementiert sein könnten [1], folgt die TURBO-Pascal- Version von **AssignReset**:

```
FUNCTION AssignReset       { Verbinde die                      }
  ( VAR InDat : Text       { Pascal-Datei InDat mit            }
  ; InDatName : StrRef     { der realen Datei InDatName        }
  ) : boolean;             { true, wenn reset moeglich war     }
VAR
  Name : String[60];
  i : integer;
BEGIN
  ResetStr( InDatName );
  i := 1;
  WHILE NextCh( InDatName ) <> EOS DO BEGIN
    Name[ i ] := GetCh( InDatName );
    i := i + 1
  END;
  Assign( InDat, Name );
  {$I-} Reset( InDat ); {$I+}
  AssignReset := true;
  IF IOResult <> 0 THEN BEGIN
    writeln( 'Die Datei ', Name,
             ' kann nicht zum Lesen geoeffnet werden.');
    AssignReset := false
```

[1] Sie sind offensichtlich übersetzerabhängig, da sie die Erweiterungen **Assign** und **String** benutzen

```
    END
  END; { AssignReset }
```

Im ersten Teil von **AssignReset** wird unser String in einen TURBO-**Pascal**-String umgewandelt — dieser Teil ist in **AssignRewrite** natürlich identisch. Nach der Verbindungsoperation wird ein **Reset** ausgeführt. Wenn beim **Assign** keine korrekte Verbindung zustande gekommen ist, würde die Routine beim **Reset** mit einem Fehler abbrechen. Die Compiler-Direktiven, die in den angrenzenden Kommentaren stehen, verhindern dies. Anschließend kann man durch die Funktion **IOResult** abfragen, ob ein Fehler aufgetreten ist oder nicht.

13.2 Seitenumbruch mit PagePrint

Die Routine **PagePrint** ist ein gutes Beispiel für die Verwendung der eben eingeführten File-Hilfsroutinen:

Beispiel 13.2: (PagePrint)

```
PROCEDURE PagePrint;     { Datei mit Kopf-            }
                         { und Fusszeilen ausdrucken }
VAR
  Kopfzeilen, { Anzahl der Zeilen der Kopfzeile }
  Fusszeilen, { -------''-------- des Fussteils }
  Laenge,     { der Seite                       }
  Breite,     { der Seite                       }
  Zeilenabstand,
  SeitenNummer : integer; { der ersten Seite    }
  Kopf : PACKED ARRAY[ 1..80 ] OF char;
  InDat, OutDat : Text;
  i : integer;
  ch : char;

\Include(initialisieren)
\Include(Seitenumbruch)

BEGIN { PagePrint }
  REPEAT
    writeln('Ausgabedatei:')
  UNTIL Assignwrite( OutDat );
  REPEAT
    Initialisieren;
    REPEAT
      writeln('Eigabedatei:')
    UNTIL Assignread( InDat );
```

```
      writeln('Bitte Text der Kopfzeile angeben');
      i := 0;
      WHILE NOT eoln DO BEGIN
        i := i + 1;
        read( Kopf[i] )
      END;
      FOR i := i + 1 TO Breite - 9 DO
        Kopf[i] := ' ';
      Seitenumbruch( InDat, OutDat );
      Close( InDat );
      writeln('Noch eine Datei ausgeben ?');
      writeln(' J(a) oder N(ein)');
      readln( ch )
    UNTIL NOT ( ch IN [ 'J', 'j' ]);
    Close( OutDat )
  END; { PagePrint }
```

Der Name der Ausgabe-Datei wird so oft vom Benutzer angefordert, bis das Öffnen einer Datei zum Schreiben geglückt ist. Normalerweise wird man als Ausgabe-Datei direkt den Drucker angeben.

Die Routine `Initialisieren` erlaubt es dem Benutzer, die Formatier-Parameter interaktiv zu verändern. Dann wird die Eingabe-Datei erfragt und zum Lesen geöffnet.

Die Kopfzeile, die auf jeder Seite als erstes gedruckt wird, besteht links aus dem eingegebenen Text und rechts aus der aktuellen Seitennummer.

Nachdem die Routine `Seitenumbruch` durchgeführt ist, wird die Eingabe-Datei geschlossen und nach weiteren Eingabe-Dateien gefragt. Wenn nichts mehr auszugeben ist, wird auch die Ausgabe-Datei geschlossen.

Die Initialisierungsprozedur ist recht einfach:

```
PROCEDURE Initialisieren;
VAR
  ch : char;
BEGIN
  Kopfzeilen := 2; Fusszeilen := 2;
  Laenge := 72; Breite := 80;
  Zeilenabstand := 1; Seitennummer := 1;
  REPEAT
    writeln('Kopfzeilen    : ', Kopfzeilen:3 );
    writeln('Fusszeilen    : ', Fusszeilen:3 );
    writeln('Laenge        : ', Laenge:3 );
    writeln('Breite        : ', Breite:3 );
    writeln('Zeilenabstand: ', Zeilenabstand:3 );
    writeln('Seitennummer : ', Seitennummer:3 );
    writeln;
```

```
    writeln('Bitte den Anfangsbuchstaben und dessen');
    writeln('neuen Wert angeben.');
    read( ch );
    IF ch IN [ 'K','k','F','f','L','l',
               'B','b','Z','z','S','s' ] THEN
      CASE ch OF
        'K', 'k': readln( Kopfzeilen );
        'F', 'f': readln( Fusszeilen );
        'L', 'l': readln( Laenge );
        'B', 'b': readln( Breite );
        'Z', 'z': readln( Zeilenabstand );
        'S', 's': readln( Seitennummer );
      END { case }
    ELSE
      ch := ' '
  UNTIL ch = ' '
END; { Initialisieren }
```

Nachdem der Benutzer den aktuellen Stand der Parameter auf dem Bildschirm hat, kann er — nach Angabe des Anfangsbuchstaben des Parameters — diese einzeln verändern. Auch die Routine, in der die eigentliche "Arbeit" getan wird, ist nicht viel komplexer:

```
PROCEDURE Seitenumbruch
  ( VAR InDat : Text
  ; VAR OutDat : Text
  );
VAR
  Zeile, Spalte, i : integer;
  ch : char;

PROCEDURE Zeilenvorschub
 ( Anzahl : integer { Anzahl der vorzurueckenden Leerzeilen }
 );
BEGIN
  Zeile := Zeile + Anzahl;
  WHILE Anzahl > 0 DO BEGIN
    writeln( OutDat );
    Anzahl := Anzahl - 1
  END;
  Spalte := 0
END; { Zeilenvorschub }

BEGIN { Seitenumbruch }
  Zeile := 0;
```

```
    Spalte := 0;
    WHILE NOT eof( InDat ) DO BEGIN
      IF Zeile >= Laenge - Fusszeilen THEN BEGIN { Fusszeilen }
        Zeilenvorschub( Laenge - Zeile );
        Zeile := 0;
        Seitennummer := Seitennummer + 1
      END;
      IF Zeile = 0 THEN BEGIN { Kopfzeilen }
        FOR i := 1 TO Breite - 9 DO
          write( OutDat, Kopf[i] );
        writeln( OutDat, 'Seite ', Seitennummer:3 );
        Zeile := 1;
        Zeilenvorschub( Kopfzeilen - Zeile )
      END;
      WHILE NOT eoln( InDat ) DO BEGIN
        read( InDat, ch );
        Spalte := Spalte + 1;
        IF Spalte >= Breite THEN
          Zeilenvorschub( Zeilenabstand );
        write( OutDat, ch )
      END; { while }
      Zeilenvorschub( Zeilenabstand );
    END; { while eof( InDat ) }
    Zeilenvorschub( Laenge - Zeile )
  END; { Seitenumbruch }
```

Es geht im wesentlichen darum, die Zeilenvorschübe zu steuern. Da gibt es drei Fälle:

1. (`Zeile = 0`): Der Drucker steht am Anfang der Seite. Zunächst muß also die Kopfzeile gedruckt werden und dann die Leerzeilen im Kopfteil der Seite.

2. (`Kopfzeilen <= Zeile < Laenge - Fusszeilen`): In diesem Bereich befinden sich die Textzeilen. Wenn eine Zeile zu lang wird, wird sie in zwei aufgespalten.

3. (`Zeile >= Laenge - Fusszeilen`): Hier müssen noch soviel Zeilenvorschübe gemacht werden, bis die Seite mit (leeren) Fußzeilen gefüllt ist.

13.3 Zeilenumbruch mit Format

Der Zeilenumbruch ist etwas schwieriger als der Seitenumbruch. Wir unterscheiden beim Zeilenumbruch vier verschiedene Formate. Jede der folgenden vier Beschreibungen ist in dem entsprechenden Modus formatiert.

1. "Nofill"-Modus

Die Zeilenumbrüche bleiben so,
wie sie auf der Eingabe vorgefunden werden, und
die Zeile wird so ausgerichtet, daß das erste Zeichen der Zeile, das kein Leerzeichen ist, auf dem linken Rand steht.

2. "Center"-Modus

Die Zeilenumbrüche bleiben wiederum so,
wie sie auf der Eingabe vorgefunden werden, und
die Zeile wird so ausgerichtet,
daß der Abstand zwischen dem linken Rand `LeftMargin`
und dem ersten Nicht-Leerzeichen der Zeile
möglichst gleich dem Abstand zwischen dem rechten Rand `Rightmargin`
und dem letzten Nicht-Leerzeichen der Zeile ist.

3. "Fill"-Modus (Flattersatz)

Die Zeilenumbrüche auf der Eingabe verlieren ihre Gültigkeit. Ein Zeilenumbruch wird immer dann eingefügt, wenn das nächste Wort nicht mehr in die Zeile zwischen `LeftMargin` und `RightMargin` paßt.

4. "Justify"-Modus (Blocksatz)

Die Zeilenumbrüche werden an dieselben Stellen wie beim Fill-Modus gesetzt. Die Leerzeichen zwischen dem letzten Nicht-Leerzeichen und dem rechten Rand werden jedoch möglichst gleichmäßig auf die inneren Zwischenräume verteilt.

Da das Umschalten der Formatier-Modi positionsgebunden ist, kann man diese Parameter nicht interaktiv einlesen, sondern sie müssen sich auf der Eingabe-Datei befinden. Wir folgen daher der üblichen Konvention: Jede Zeile, die mit einem Escape-Zeichen beginnt, (wir verwenden `ESC='\'`, üblich ist auch `ESC='.'` oder `ESC='@'`) ist eine Befehlszeile, die genau einen Formatierbefehl und *keinen* Text enthält. Die `Format`-Prozedur "kennt" die folgenden Befehle:

`\NoFill`	oder kurz `\n`	:	schaltet in den Nofill-Modus;
`\Center`	oder kurz `\c`	:	schaltet in den Center-Modus;
`\Fill`	oder kurz `\f`	:	schaltet in den Fill-Modus;
`\Justify`	oder kurz `\j`	:	schaltet in den Justify-Modus;

Die folgenden Befehle dienen dazu, Parameterwerte `N` vom Typ `integer` einzulesen:

`\LeftMargin N` oder kurz `\l N`: setzt den linken Rand;

\RightMargin N oder kurz \r N: setzt den rechten Rand;

\ParaIndent N oder kurz \p N: setzt einen möglicherweise auch negativen Einrück-Parameter, der bestimmt, um wieviele zusätzliche Leerzeichen am Anfang eines Paragraphen eingerückt werden soll (nur im Fill- oder Justify-Modus).

Ein Paragraph wird dabei beim Umschalten in den Center- oder Nofill-Modus abgeschlossen oder durch eine Leerzeile und erst die weiteren Leerzeilen erscheinen dann auch als Leerzeilen auf der Ausgabe.

Da das Format-Programm auf dem String-Modul aufbaut, hat die "äußere Schale" folgenden Aufbau:

```
PROGRAM LineFormatter( Input, Output );
\Module(StringKachel)
\Include(StrUtil.i)
\Include(StrFileUtils)

PROCEDURE Formatframe;
VAR
  InDat, OutDat : Text; { Die Ein-/Ausgabe-Dateien }
  DatName : StrRef;
\Include(Format)
BEGIN
  REPEAT
    writeln('Bitte Eingabe-Datei angeben:');
    ReadLine( Input, DatName )
  UNTIL AssignReset( InDat, DatName );
  REPEAT
    writeln('Bitte Ausgabe-Datei angeben:');
    ReadLine( Input, DatName )
  UNTIL Assignwrite( OutDat, DatName );
  Format( InDat, OutDat );
  Close( InDat );
  Close( OutDat )
END; { FormatFrame }

BEGIN { LineFormatter }
  InitStrings;
  Formatframe
END\.
```

Die eigentliche Formatier-Routine hat folgendes Aussehen:

```
PROCEDURE Format        { Formatiere den           }
  ( VAR InDat : Text { Text auf InDat          }
  ; VAR OutDat: Text { und schreibe auf OutDat }
  );
```

```
VAR
  center, fill, justify : boolean;
  LeftMargin, RightMargin, ParaIndent : integer;
  Indent, Wordlen, Outlen, Nwords : integer;
  InBuf, WordBuf, OutBuf : StrRef;
  ESC : char;
\Include(ProcessCommand)
\Include(Flush)
\include(IndentOf)
\Include(CopyWord)
BEGIN { Format }
  MakeBuf( InBuf );
  MakeBuf( WordBuf );
  MakeBuf( OutBuf );
  ESC := '\';
  Center := false;
  fill := true;
  justify := true;
  LeftMargin := 0;
  RightMargin := 60;
  ParaIndent := 4;
  Indent := 0;
  WordLen := 0;
  OutLen := 0;
  Nwords := 0;
  WHILE ReadLine( InDat, InBuf ) DO
    IF NextCh( InBuf ) = ESC THEN
      ProcessCommand( InBuf )
    ELSE IF NOT fill THEN BEGIN
      write( OutDat, ' ':IndentOf( InBuf );
      WriteStr( OutDat, InBuf );
      writeln( OutDat )
    END { no fill }
    ELSE BEGIN
      WordLen := CopyWord( InBuf, WordBuf );
      IF WordLen <= 1 THEN BEGIN { Leerzeile }
        Flush( OutDat, OutBuf, 0, 0 );
        Indent := LeftMargin + ParaIndent - 1
      END ELSE
        WHILE WordLen > 1 DO BEGIN
          IF Indent + OutLen + WordLen > RightMargin THEN
              IF justify THEN
                Flush( OutDat, OutBuf,
                    RightMargin-Indent-OutLen, Nwords - 1 )
```

```
              ELSE
                Flush( OutDat, OutBuf, 0, 0 );
            CopyStr( WordBuf, OutBuf );
            OutLen := OutLen + WordLen;
            Nwords := Nwords + 1;
            WordLen := CopyWord( InBuf, WordBuf )
          END
      END; { else }
    { while }
    Flush( OutDat, OutBuf, 0, 0 );
    FreeBuf( OutBuf );
    FreeBuf( WordBuf );
    FreeBuf( InBuf )
  END; { Format }
```

Je nachdem, welcher Zeilentyp vorliegt, wird die eingelesene Zeile in InBuf unterschiedlich bearbeitet:

1. Eine Zeile, die mit einem Escape-Zeichen anfängt, wird mit ProcessCommand bearbeitet.

2. Eine Zeile im Nofill- oder Center-Modus kann im Prinzip als Ganzes wieder ausgegeben werden. Es muß nur die Einrücktiefe durch IndentOf berechnet werden und Leerzeichen am Anfang und am Ende der Zeile müssen entfernt werden.

3. Eine Zeile im Fill- oder Justify-Modus muß mit CopyWord wortweise kopiert werden, bis ein Wort nicht mehr auf die Zeile OutBuf paßt. Dann wird OutBuf mit Flush herausgeschrieben und mit der Wort-Verarbeitung fortgefahren.

Es folgen die drei fehlenden *Hilfsroutinen*:

```
PROCEDURE ProcessCommand( InBuf : StrRef );
VAR
  ch : char;
BEGIN
  ch := GetCh( InBuf ); { ESC ueberlesen }
  ch := GetCh( InBuf );
  IF ch IN [ 'C', 'c' ] THEN BEGIN { center }
    IF fill AND ( OutLen > 0 ) THEN
      Flush( OutDat, OutBuf, 0, 0 );
    Center := true;
    justify := false;
    fill := false
  END ELSE IF ch IN [ 'F', 'f' ] THEN BEGIN { fill }
```

```
    IF NOT fill THEN
      Indent := LeftMargin + Paraindent - 1
    ELSE
      Indent := LeftMargin - 1;
    Center := false;
    justify := false;
    fill := true
  END ELSE IF ch IN [ 'J', 'j' ] THEN BEGIN { Justify }
    justify := true;
    fill := true;
    center := false
  END ELSE IF ch IN [ 'N', 'n' ] THEN BEGIN { nofill }
    IF fill AND ( OutLen > 0 ) THEN BEGIN
      Flush( OutDat, OutBuf, 0, 0 );
      Indent := LeftMargin + Paraindent - 1
    END;
    center := false;
    fill := false;
    justify := false
  END ELSE IF ch IN [ 'L', 'l' ] THEN BEGIN { Leftmargin }
    WHILE GetCh( InBuf ) <> ' ' DO;
    Leftmargin := StrToInt( InBuf );
    Indent := LeftMargin - 1
  END ELSE IF ch IN [ 'R', 'r' ] THEN BEGIN { Rightmargin }
    WHILE GetCh( InBuf ) <> ' ' DO;
    RightMargin := StrToInt( InBuf )
  END ELSE IF ch IN [ 'P', 'p' ] THEN BEGIN { Paraindent }
    WHILE GetCh( InBuf ) <> ' ' DO;
    ParaIndent := StrToInt( InBuf );
    Indent := LeftMargin + Paraindent - 1
  END
END; { ProcessCommand }
```

Eigentlich hätte man diese Fallunterscheidung auch als CASE-Anweisung schreiben können. Da aber mit fehlerhaften Eingaben gerechnet werden muß, verhindert das Fehlen von OTHERWISE im Standard-Pascal diese Lösung (siehe Anhang S).

```
FUNCTION IndentOf   { Berechne die Einrueckung            }
  ( VAR Buf : StrRef { fuer den Nofill- und Center-Modus; }
  ) : integer;       { als Nebeneffekt werden Leerzeichen }
                     { am Anfang ueberlesen.              }
VAR
  ch : char;
  s : StrRef;
```

```
    i : integer;
  BEGIN
    WHILE NextCh( Buf ) = ' ' DO
      ch := GetCh( Buf );
    IF center THEN BEGIN
      s := Buf;
      i := RightMargin - LeftMargin;
      ch := GetCh( s );
      WHILE ch <> EOS DO BEGIN
        IF ch <> ' ' THEN
          IndentOf := i DIV 2;
        i := i - 1;
        ch := GetCh( s )
      END
    END
    ELSE
      IndentOf := LeftMargin - 1
  END; { IndentOf }
```

Am schwierigsten ist es, die Leerzeilen am Ende eines Strings *nicht* zu berücksichtigen: da die Zuweisung an IndentOf für jedes Nicht-Leerzeichen vorgenommen wird, hat es bei Verlassen der Routine den Wert der letzten Zuweisung.

```
  FUNCTION CopyWord           { Kopiere ein Wort         }
    ( VAR InBuf : StrRef      { von InBuf                }
    ; VAR WordBuf : StrRef    { nach WordBuf             }
    ) : integer;              { und liefere seine Laenge }
  VAR
    len : integer;
    s : StrRef;
    ch : char;
  BEGIN
    len := 1;
    RewriteStr( WordBuf );
    s := WordBuf;
    REPEAT
      ch := GetCh( InBuf )
    UNTIL ch <> ' ';
    IF ch <> EOS THEN BEGIN
      REPEAT
        WriteCh( s, ch );
        ch := GetCh( InBuf );
        len := len + 1
      UNTIL ( ch = ' ' ) OR ( ch = EOS )
```

```
    END;
    CopyWord := len - 1
  END; { CopyWord }
```

In `Flush` ist schließlich auch der *Randausgleich* versteckt:

```
  PROCEDURE Flush { Ausgabe im Blocksatz }
    ( VAR OutDat : Text { auf OutDat }
    ; VAR OutBuf : StrRef { von OutBuf. }
    ; nblanks : integer { Dabei werden nblanks Leerzeichen }
    ; ngaps : integer { in die ersten ngaps verteilt }
    );
  VAR
    ch : char;
    n : integer;
  BEGIN
    ResetStr( OutBuf );
    write( OutDat, ' ':Indent );
    ch := GetCh( OutBuf );
    WHILE ch <> EOS DO BEGIN
      IF ch <> ' ' THEN
        write( OutDat, ch )
      ELSE IF ( ngaps > 0 ) THEN BEGIN
        n := round( nblanks / ngaps );
        write( OutDat, ' ':1+n );
        nblanks := nblanks - n;
        ngaps := ngaps - 1
      END ELSE
        write( OutDat, ' ' );
      ch := GetCh( OutBuf )
    END;
    writeln( OutDat );
    Indent := LeftMargin - 1;
    RewriteStr( OutBuf );
    Nwords := 0;
    OutLen := 0
  END; { Flush }
```

Das Prinzip des Randausgleichs ist einfach: Es sind `nblanks` auf `ngaps` Zwischenräume zu verteilen, d.h. die Wörter werden dann von einem oder mehreren Zwischenräumen getrennt. Bei jedem Zwischenraum wird die gerechteste Anzahl zunächst durch $n = round(\frac{\texttt{nblanks}}{ngaps})$ Leerzeichen errechnet, von `nblanks` abgezogen und diesem Zwischenraum zugeschlagen. Da beim letzten Zwischenraum $n =$ `nblanks` ist, geht die Rechnung auf.

13.4 Formatierung eines Pascal-Programms

Die Formatierung eines Textes ist eine recht einfache Aufgabe, verglichen mit der Formatierung eines Pascal-Programms.

Die Regeln nämlich, wann ein Zeilenvorschub erfolgen soll, und um wieviel einzurücken ist, hängen stark von Pascal-Schlüsselwörtern ab. Jede syntaktische Konstruktion hat ihre eigenen Formatierregeln, und um diese anwenden zu können, muß man diese Konstruktionen erst einmal *erkennen*.

Die lexikalische Analyse des Programms, die wir mit CopyToken vornehmen, genügt also nicht. Für jeden Bezeichner müssen wir im Wörterbuch der reservierten Wörter nachschlagen, um herauszufinden, ob und um welches *Symbol* es sich handelt. Die Syntax-Regeln von Pascal schreiben dann vor, welche Symbole aufeinander folgen dürfen. Eine *vollständige* Syntaxanalyse ist glücklicherweise nicht nötig, da sich einige Situationen wiederholen:

1a)
```
BEGIN
  Anweisung1;
    ...
  AnweisungN
END
```

1b)
```
REPEAT
  Anweisung1;
    ...
  AnweisungN
END;
```

1c)
```
CASE ... OF
  Fall1;
    ...
  FallN
END
```

Es liegt daher nahe, BEGIN, REPEAT und OF als BeginSym(-bol) zu behandeln, das einen Zeilenvorschub *nach* sich zieht, und die folgenden Anweisungen eine Stufe tiefer einzurücken, bis EndSym(-bol) gefunden wird. d.h. ein END oder ein UNTIL. Dann wird die Einrückstufe reduziert und *vor* dem EndSym ein Zeilenvorschub ausgegeben.

Leider hat diese schöne Regel ein Loch: das BeginSym OF gibt es auch in der Feldvereinbarung. Nur ein OF im Anweisungsteil war also gemeint.

Vereinbarungen gut zu formatieren, ist übrigens sehr schwer. Daher beschränken wir uns auf den *Anweisungsteil* und arbeiten bei den Vereinbarungen im "Nofill-Modus".

Die *zweite Regel* umfaßt folgende Situationen:

2a)
```
IF ... THEN
  Anweisung;
```

2b)
```
FOR ... DO
  Anweisung;
```

2c)
```
WHILE ... DO
  Anweisung;
```

Nach einem ThenSym(-bol), das ein `THEN` oder `DO` repräsentiert, wird die Einrückstufe erhöht und ein Zeilenvorschub veranlaßt. Sobald das Token Semikolon gefunden wird, ist die Anweisung beendet, die Einrückstufe kann wieder reduziert werden und es folgt *nach* dem Semikolon ein Zeilenvorschub. Dieser Zeilenvorschub nach *jedem* Semikolon im Anweisungsteil ist übrigens die *dritte Regel*. Leider ist auch hier die Situation nicht so einfach, wie sie zuerst scheint: bei geschachtelten `IF`-Anweisungen, wie z.B. in

```
IF ... THEN
  IF ... THEN
    Anweisung;
```

müssen beim Finden des Semikolons *zwei* Einrückungsstufen wieder aufgehoben werden, bei dreifach geschachtelten *drei* usw.

Wir lösen dieses Problem, indem wir uns das Symbol, welches die Einrückung verursacht hat, jeweils in einen *Keller* eintragen. Der Index, der auf das oberste Element zeigt, ist dabei gerade die Einrückstufe `Indent`. Beim Finden des Semikolons werden also alle `ThenSym`(-bole) vom Stack-Ende entfernt.

Die vierte Regel beschäftgt sich mit `ELSE`. Eigentlich verhält sich das `ElseSym`(-bol) ähnlich dem `ThenSym`:

4a)
```
IF ... THEN
  Anweisung1
ELSE
  Anweisung2;
```

Auch nach `ELSE` wird eingerückt, ein Zeilenvorschub veranlaßt und die Einrückung beim Finden des Semikolons wieder aufgehoben. Im Unterschied zum `ThenSym` beendet ein `ElseSym` einen vorangegangenen `THEN`-Teil und gibt *vorher* einen Zeilenvorschub aus. Komplizierter noch ist:

4b)
```
IF ... THEN
  Anweisung1
ELSE IF ... THEN
  Anweisung2;
```

Wenn also auf ein ElseSym ein IfSym folgt, dann wird vorher *kein* Zeilenvorschub ausgegeben; es wird sogar dadurch das ElseSym ganz vom Stack genommen, denn die Anweisung2 soll ja auf derselben Einrückungsstufe wie Anweisung1 stehen und dafür sorgen schon die ThenSym(-bole).

Vollends unübersichtlich wird die Situation, wenn die Anweisung des THEN- oder ELSE-Teils wieder eine zusammengesetzte Anweisung ist, wie sie in der ersten Regel behandelt wurde. Dann soll *nicht* etwa so formatiert werden:

```
IF ... THEN
  BEGIN
    Anweisung1;
      ...
    AnweisungN
  END
ELSE
  BEGIN
    Anweisung1;
      ...
    AnweisungN
  END;
```

sondern

```
5) IF ... THEN BEGIN
     Anweisung1;
       ...
     AnweisungN
   END
   ELSE BEGIN
     ...
   END;
```

Wenn also auf ein ThenSym oder ein ElseSym ein BEGIN folgt, dann soll *kein* Zeilenvorschub dazwischen vorgenommen und das ThenSym bzw. das ElseSym muß vom Stack genommen werden.

Schließlich noch als *sechste Regel*: vor FUNCTION oder PROCEDURE soll eine Leerzeile ausgegeben werden.

Das einzige, was noch fehlt, ist die Behandlung von Kommentaren oder Leerzeichen. Die Schreibweise

```
7) BEGIN { Kommentar1 }
     ...
   END { Kommentar2 }
```

läßt es sinnvoll erscheinen, daß Zeilenvorschübe *nach* Schlüsselwörtern wie BEGIN oder nach dem Semikolon nicht *sofort* ausgeführt werden, sondern erst, wenn das nächste kein Kommentar- oder OtherToken ist. Auch dürfen Zeilenvorschübe *innerhalb* von Kommentaren nicht wegformatiert werden.

Es wäre schön, wenn auch Kommentarzeilen die Formatierung überstehen würden. Das ist aber recht schwierig zu realisieren. Wir behelfen uns daher mit einer simplen Regel weiter: Wenn das erste "nichtleere" Zeichen einer Zeile ein '{' ist, dann erhält dieser Kommentar eine eigene Zeile.

Es folgt die Pascal-Formatier-Routine Pretty — ungekürzt und in voller "Schönheit":

Beispiel 13.9 (Pretty)

```
PROGRAM PrettyPrint( Input, Output, Reserved );
VAR Reserved : Text;

\Module(stringlist)
\Include(strutil.i)

\Module(syst)
\Module(itempretty)
\Module(dictbinbaum)
PROCEDURE Pretty         { Programm-Formatierung      }
  ( VAR Reserved : Text { fuer die Schluesselwoerter }
  ; VAR    InDat : Text { von der Datei InDat         }
  ; VAR   OutDat : Text { auf die Datei OutDat        }
  );
CONST
  FunctionSym = 6; { program, function, procedure      }
  BeginSym = 1;    { begin, repeat                     }
  EndSym = 2;      { end, until                        }
  IfSym = 5;       { if, while                         }
  ThenSym = 3;     { then, do                          }
  ElseSym = 4;     { else                              }
  CaseOfSym = 7;   { of                                }
  OtherSym = 0;    { alle anderen reservierten Woerter }
  IndSpaces = 3;   { Leerzeichen pro Einrueckungsstufe }
VAR
  InBuf : StrRef;
  Indent : integer;     { aktuelle Einrueckstufe }
  Sym : ARRAY[ 0..20 ] OF integer;
  Linefeed : boolean;   { false true, nach dem aktuellen   }
                        { Token einen Zeilenvorschub ausser}
                        { nach Kommentaren oder Other-Token}
```

```
  Voidline : boolean; { true, wenn die Zeile noch leer ist }
  ResDict : DictRef;  { Woerterbuch reservierter Woerter   }
  ch : char;
PROCEDURE Flush;
BEGIN
  IF NOT Voidline THEN BEGIN { Zeilenumbruch }
    writeln( OutDat );
    IF Indent > 0 THEN
      write( OutDat, ' ':Indent*IndSpaces )
  END;
  Linefeed := false;
  Voidline := true
END; { Flush }

BEGIN { Pretty }
  Indent := 0;
  Sym[ Indent ] := FunctionSym;
  Voidline := true;
  Linefeed := false;
  MakeDict( ResDict );
  MakeBuf( InBuf );
  reset( Reserved );
  WHILE ReadItem( Reserved, NewItem ) DO
    Insert( NewItem, ResDict );
  reset( InDat );
  WHILE ReadLine( InDat, InBuf ) DO BEGIN
    IF ( Sym[ Indent ] = FunctionSym ) OR
       ( Token IN [ StrStart, CommStart ] ) THEN
      Flush
    ELSE BEGIN { fuehrende Leerzeichen ueberspringen }
      WHILE NextCh( InBuf ) = ' ' DO
        ch := GetCh( InBuf );
      IF NextCh( InBuf ) = '{' THEN BEGIN
      { Kommentarzeile }
        Flush;
        WriteStr( OutDat, NewItem.key );
        Linefeed := true
      END ELSE
        write( OutDat, ' ' )
    END;
    WHILE CopyToken( InBuf, NewItem.key, Token ) DO
     WITH NewItem DO BEGIN
      IF Token = Semikolon THEN BEGIN
        WHILE Sym[ Indent ] IN [ ThenSym, ElseSym ] DO
```

```
    Indent := Indent - 1;
  IF Sym[ Indent ] <> FunctionSym THEN
    Linefeed := true;
  write( OutDat, ';' )
END ELSE IF Token IN [ CommStart, CommEnd, Other ] THEN
  WriteStr( OutDat, key )
ELSE IF Token <> Identifier THEN BEGIN
  IF Linefeed THEN
    Flush;
  WriteStr( OutDat, key );
  Linefeed := false
END
ELSE IF NOT Search( NewItem, ResDict ) THEN BEGIN
  IF LineFeed THEN
    Flush;
  WriteStr( OutDat, key );
  Linefeed := false
END ELSE BEGIN
  CASE inf OF
    BeginSym:
       BEGIN
         IF Sym[ Indent ] IN [ ThenSym, ElseSym ] THEN
           Indent := Indent - 1
         ELSE IF ( Sym[ Indent ] = FunctionSym )
                 OR Linefeed
           THEN Flush;
         Indent := Indent + 1;
         Sym[ Indent ] := BeginSym;
         Linefeed := true
       END;
    EndSym:
      BEGIN
        WHILE Sym[ Indent ] IN [ ThenSym, ElseSym ] DO
          Indent := Indent - 1;
        IF Indent > 0 THEN BEGIN
          Indent := indent - 1;
          Flush
        END
      END;
    ThenSym:
       BEGIN
         Indent := Indent + 1;
         Sym[ Indent ] := ThenSym;
         Linefeed := true
```

```
            END;
         ElseSym:
            BEGIN
              IF Sym[ Indent ] = ThenSym THEN
                Indent := Indent - 1;
              Flush;
              Indent := Indent + 1;
              Sym[ Indent ] := ElseSym;
              Linefeed := true
            END;
         IfSym:
            BEGIN
              IF Sym[ Indent ] = ElseSym THEN
                Indent := Indent - 1
              ELSE
                Flush;
              Linefeed := false
            END;
         FunctionSym:
            BEGIN
              writeln( OutDat );
              Flush
            END;
         CaseOfSym:
            IF Indent > 0 THEN BEGIN
              Indent := Indent + 1;
              Sym[ Indent ] := CaseOfSym;
              Linefeed := true
            END;
         OtherSym: ;
       END; { case }
       WHILE NextCh( key ) <> EOS DO
         write( OutDat, CapLetter( GetCh( key )))
     END;
     Voidline := false
   END
 END { while Readline }
END; { pretty }

BEGIN
  InitStrings; InitItems;
  IF Assignread( reserved, MessToStr( 'res.dat' )) THEN;
  pretty( reserved, input, output )
END\.
```

Kapitel 14

Ein Pascal-Präprozessor

Standard-Pascal hat eine ganze Reihe von Schwächen, siehe Anhang S. *Eine* Möglichkeit, diesen Problemen auszuweichen, besteht darin, eine andere Sprache zu wählen, in der diese Probleme gelöst sind, z.B. Modula-2, oder einen Pascal-Dialekt mit den entsprechenden Erweiterungen, z.B. **Microsoft**-Pascal.

Die *erste* Lösung ist unbefriedigend, da Pascal eine viel größere Verbreitung hat, und die *zweite*, weil die Programme dann nicht mehr *portabel* sind, d.h. ohne größere Änderung der Quelle nicht auf andere Pascal-Systeme transportiert werden können.

Daher wird häufig ein *dritter* Weg eingeschlagen, der eines Pascal-Präprozessors. Wir wollen in diesem abschließenden Kapitel zeigen, daß sich schon mit einem recht einfachen Präprozessor ein Teil der Probleme lösen läßt.

Was ist ein Präprozessor?

Bevor das Pascal-Programm in den Übersetzer geschickt wird (den Prozessor), wird es von einem Prä-(d.h. Vor-)Prozessor in die gewünschte Pascal-Form übertragen. *Vorher* enthält das Programm Anweisungen wie z.B.

```
\Include(StrUtils)
```

und der Präprozessor sorgt dann dafür, daß an dieser Stelle der Inhalt der Datei "StrUtils" eingefügt wird. Noch wichtiger ist

```
\Modul(StrModul)
```

mit der ein ganzer Modul mit allen Vereinbarungen eingefügt werden kann. In Lösung 10.4 hatten wir beschrieben, wie die Einbettung eines Moduls in Standard-Pascal aussieht. Manche *Konstante* läßt sich in Pascal nicht als Konstante notieren, wie z.B. EOS und LineLen1 in

```
CONST
  EOS = chr( 1 ); { Funktionsaufruf ! }
  LineLen = 80;
  LineLen1 = LineLen + 1; { keine Rechnung erlaubt! }
```

Mit einem String-Ersetzungsmechanismus, auch Makro-Mechanismus genannt, läßt sich diesem Problem leicht beikommen:

```
\Define(EOS,chr(1))
\Define(LINELEN,80)
\Define(LINELEN1,\Expr(LINELEN+1))
```

Es ist dabei eine stillschweigende *Konvention*, Konstanten, die über Makros definiert sind, der besseren Lesbarkeit wegen groß zu schreiben.

Soweit ein kurzer Einblick in die Möglichkeiten eines Pascal-Präprozessors.

14.1 Das Definieren von Makros

Das Rückgrat des Präprozessors ist ein Wörterbuch mit Makros: unter einem (Makro-) Namen findet sich ein String, der anstelle des Namens auf die Ausgabe-Datei geschrieben wird. Erweitert und modifiziert wird dieses Wörterbuch mit dem Define-Befehl:

```
\define(EOS,chr(1))
```

Das erste Argument liefert den Schlüssel `Item.key`, hier `EOS`, und das zweite die dazugehörige Information `Item.inf`, hier `chr(1)`. Die bekannte `Insert`-Routine fügt `Item` dann in das Wörterbuch `Defs` ein. Der entsprechende Programmteil lautet:

Beispiel 14.1:

```
IF CopyToken( args, from, Token ) THEN
  IF Token = ESCseq THEN BEGIN
    IF Getch( from ) <> ESC THEN { Fehler! }
    ELSE IF NextCh( from ) IN [ 'D', 'd' ] THEN BEGIN
    { Define }
      CopyArg( 1, args, Item.key );
      CopyArg( 2, args, Item.inf );
      Insert( Item, Defs )
    END { Define }
    ELSE ...
```

Nach dem Aufruf `CopyToken` enthält `from` die EscSequenz `\define` und `args` ist auf die dazugehörigen Argumente `(EOS,chr(1))` vorgerückt.

CopyArg kopiert das i-te Argument. Da CopyArg nicht ganz einfach ist, wollen wir erst ein einfacheres Problem analysieren, das Überlesen *aller* Argumente. Bis zur nächsten rechten Klammer (RightBracket) ")" zu suchen, reicht nicht aus, denn das zweite Argument enthält ja selbst wieder Klammern. Also muß man die Klammertiefe mitzählen und erst dann abbrechen, wenn eine rechte Klammer der Stufe 1 gefunden ist.

Hier die Routine SkipArgs, die *alle* Argumente überliest:

Beispiel 14.2:

```
PROCEDURE SkipArgs     { Ueberspringe Argumente     }
  ( VAR from : StrRef { auf from, falls vorhanden }
  );
VAR level : integer;
    c : char;
BEGIN
  IF NextCh( from ) <> LeftBracket THEN { keine Argumente }
  ELSE BEGIN
    c := GetCh( from );
    level := 1;
    WHILE level > 0 DO BEGIN
      c := GetCh( from );
      IF c = LeftBracket THEN
        level := level + 1
      ELSE IF c = RightBracket THEN
        level := level - 1
      ELSE IF c = EOS THEN
        level := 0
    END { while }
  END { else }
END; { SkipArgs }
```

Um robust zu sein, muß die Routine natürlich auch abbrechen, wenn from erschöpft, d.h. ein EOS gefunden ist.

Wir haben die Möglichkeit, die linke Klammer (LeftBracket), die rechte Klammer (RightBracket) und das Trennzeichen (Separator), hier das ",", umdefinieren zu können: diese sind als Variable vereinbart und lassen sich innerhalb des Präprozessors mit folgenden Kommandos verändern:

```
\Set(LeftBracket,[)
\Set[RightBracket,])
\Set[Separator,|]
```

Nachdem in der ersten Zeile LeftBracket auf "[" gesetzt ist, muß man es in der nächsten auch schon verwenden. Es wäre dabei ein Fehler, das gleiche

Zeichen als Klammer und als Trennzeichen zu verwenden. Danach lautet die korrekte Form des Define:

```
\Define[EOS|chr(1)]
```

Die Prozedur `CopyArg` muß sowohl die Klammertiefe (`level`) als auch die Anzahl der (auf `level=1`) übersprungenen Trennzeichen zählen. Dies geschieht durch Herunterzählen von `iarg`. Erst wenn `iarg=1` erreicht ist, darf kopiert werden:

Beispiel 14.3:

```
PROCEDURE CopyArg     { Kopiere das        }
  ( iarg : integer    { iarg'te Argument }
  ; from : StrRef     { des Strings from }
  ; ToStr: StrRef     { nach ToStr         }
  );
VAR
  level : integer;
  c : char;
BEGIN
  IF getch( from ) = LeftBracket THEN BEGIN
    level := 1
    WHILE level > 0 DO BEGIN
      c := getch( from );
      IF c = LeftBracket THEN
        level := level + 1
      ELSE IF c = RightBracket THEN
        level := level - 1;
      IF ( level = 1 ) AND ( c = Separator ) THEN
        iarg := iarg - 1
      ELSE IF ( iarg <= 0 ) OR ( c = EOS ) THEN
        level := 0
      ELSE IF ( level >= 1 ) AND ( iarg = 1 ) THEN
        writeCh( ToStr, c )
    END { while }
  END { if }
END; { copyarg }
```

Damit wissen wir, wie sich ein Makro-Dictionary aufbauen läßt. Die wirkliche Stärke von Makros zeigt sich erst, wenn man Makros mit Argumenten zuläßt.

14.2 Makros mit Argumenten

Manchmal ist es unmöglich, Funktionen so zu vereinbaren, wie man sie braucht:

```
PROCEDURE Error
  ( Meldung : ? );
BEGIN writeln( '***** Fehler: ', Meldung ) END;
```

Hier haben wir das Problem, daß wir den Typ von Meldung einfach nicht feststellen können, da es sich um eine Zeichenkette beliebiger Länge, aber auch um eine Zahl handeln kann. Hier hilft ein Makro:

```
\Define(ERROR, writeln('***** Fehler: ', \1 ))
```

mit dem "Aufruf"

```
ERROR( 'Parameter negativ');
```

Im Ersetzungs-String wird "\1" durch das *erste* Argument im Aufruf ersetzt:

```
writeln('***** Fehler: ', 'Parameter negativ');
```

d.h. im Ersetzungs-String wird "\1" durch das *erste* Argument im Aufruf ersetzt.

Ein *zweites Beispiel* ist die Funktion IsSmall. Sie als Makro zu definieren hat den Vorteil, daß zur Laufzeit kein Funktionsaufruf mehr nötig ist, d.h. daß Zeit gespart wird:

Anstelle von

```
FUNCTION IsSmall { Ist ch ein Kleinbuchstabe }
  ( ch : char    { liefert true, wenn richtig}
  ) : boolean;
BEGIN
  IsSmall := ( ch IN [ 'a'..'z' ] )
END;
```

definieren wir also

```
\define(IsSmall, (\1 IN [ 'a'..'z' ] ));
```

Der Aufruf bleibt dabei völlig gleich. Im *dritten Beispiel* soll die folgende Prozedur in ein Makro verwandelt werden:

```
PROCEDURE ToCap
  ( VAR ch : char
  );
CONST OrdAa = ord( 'A' ) - ord( 'a' ); { kein Standard ! }
BEGIN
```

```
    IF IsSmall( ch ) THEN
      ch := chr( ord( ch ) - OrdAa )
  END;
```

Wie sich ein Makro ORDAa mit Wert '32' (=ord('A')-ord('a') im ASCII-Zeichensatz) definieren läßt, werden wir im nächsten Abschnitt kennenlernen. Hier das Makro ToCap:

```
\define(ToCap,IF IsSmall(\1) THEN \1 := chr( ord(\1)+ORDAa ))
```

Dieses Makro unterscheidet sich von den voranstehenden dadurch, daß

- das erste Argument mehrfach auftritt und
- der Ersetzungs-String zwei andere Makros enthält.

Nachdem die Argumente eingesetzt sind, muß der resultierende String folglich *noch einmal* durch den Präprozessor geschickt werden:

aus:	`ToCap( ch )`
über:	`IF IsSmall(ch) THEN ch := chr( ord(ch) + ORDAa )`
nach:	`IF ch IN [ 'a'..'z' ] THEN ch := chr( ord(ch) + 32 )`

Die Routine, die das Evaluieren der Makros auf einer Zeile vornimmt, ist EvalStr:

Beispiel 14.4 (EvalStr)

```
PROCEDURE EvalStr ;        { Evaluiere                    }
  ( from : StrRef          { den from-String              }
  ; VAR ToStr : StrRef     { in args und schreibe         }
  );                       { ihn nach ToStr               }
{ Global: das Token-Modul mit VAR Token : TokenTyp        }
VAR Item : ItemTyp;
BEGIN
  WITH Item DO BEGIN
    MakeBuf( key ); MakeBuf( inf );
    Token := Other;
    WHILE CopyToken( from, key, Token ) DO BEGIN
      IF NOT ( Token IN [ EscSequ, Identifier ] ) THEN
        CopyStr( key, ToStr )
      ELSE IF Token = EscSequ THEN BEGIN { command }
        IF GetCh( key ) = ESC THEN
          Exec( key, from, ToStr )
      END
      ELSE IF Search( Item, Defs ) THEN BEGIN { Makro }
        IF NextCh( from ) = LeftBracket THEN BEGIN
          { Argumente }
```

```
          RewriteStr( key );
          IncludeArgs( inf, from, key );
          EvalStr( key, ToStr );
          SkipArgs( from )
        END
        ELSE { keine Argumente }
          EvalStr( inf, ToStr )
      END { Makro }
      ELSE { kein Makro ! }
        CopyStr( key, ToStr )
    END; { while }
    FreeBuf( inf ); FreeBuf( key )
  END { with }
END; { EvalStr }
```

Die verwendete Prozedur IncludeArgs ist so definiert:

```
PROCEDURE IncludeArgs { Fuege die Argumente ein }
  ( from : StrRef     { in from                 }
  ; args : StrRef     { aus args und            }
  ; VAR ToStr : StrRef{ schreibe sie nach ToStr }
  );
VAR
  ch : char;
BEGIN
  RewriteStr( from );
  REPEAT
    ch := GetCh( from );
    IF ch <> ESC THEN
      WriteCh( ToStr, ch )
    ELSE IF NextCh( from ) IN [ '0'..'9' ] THEN
      CopyArg( Ord( GetCh( from ) - ord('0')), args, ToStr )
    ELSE
      WriteCh( ToStr, ESC )
  UNTIL ch = EOS;
  ReserStr( ToStr )
END; { IncludeArgs }
```

Die noch nicht spezifizierte Routine Exec enthält die Behandlung der Präprozessor-Kommandos, also auch von \Define.

14.3 Definition von Kommandos

In diesem Abschnitt wollen wir einige weitere Kommandos vorstellen, die von Exec "verstanden" werden. Zu Beginn des Kapitels hatten wir schon folgende Definition vorgestellt:

```
\Define(LINELEN,80)
\Define(LINELEN1,\Expr(LINELEN+1))
```

Danach soll LINELEN1 den Ersetzungs-String '81' enthalten. Wie wird der Ausdruck \Expr(LINELEN+1) abgearbeitet? Zuerst muß das Argument von \Expr evaluiert werden und lautet dann '80+1'. Um die Rechnung ausführen zu können, muß der arithmetische Ausdruck interpretiert werden:

- der String'80' wird in die ganze Zahl 80 umgewandelt,
- der String '1' wird in die ganze Zahl 1 umgewandelt,
- der Additionsoperator wird erkannt und die Addition ausgeführt,
- die Zahl 81 wird in den String '81' zurückverwandelt.

Die Hilfsmittel für das Expr-Kommando stehen schon bereit:

- StrToInt aus StrUtils, siehe 12.4
- IntToStr aus StrUtils, siehe 12.4

und das Abarbeiten arithmetischer Ausdrücke war schon das Thema von Aufgabe 6.2 auf Seite 88: das Programm Rechner.

Der wesentliche Unterschied besteht darin, daß die Eingabe jetzt via StrToInt erfolgt. Um zuzulassen, daß die Operatoren und Klammern auch von Leerzeichen umgeben sein können, verwenden wir anstelle von NextCh die Routine NextChar, die führende Leerzeichen einfach überliest und das erste Nicht-Leerzeichen zurückgibt.

So sieht das Programmstück in Exec aus, das dem Expr-Kommando entspricht:

Beispiel 14.5 (Expression)

```
...
ELSE IF NextCh( from ) IN [ 'E','e' ] THEN BEGIN
                                   { Expression }
  CopyArg( 1, args, key );
  EvalStr( key, inf );
  ResetStr( inf );
  IntToStr( Expression( inf ), ToStr );
END { Expression }
ELSE ...
```

und Expression ähnelt der Lösung von Aufgabe 6.2 in Abschnitt 6.5:

```
FUNCTION Expression     { Werte den Ausdruck aus  }
  ( VAR from : StrRef   { auf from und            }
  ) : integer;          { liefere seinen Wert ab. }
VAR e : integer;

FUNCTION NextChar      { Hole das naechste Zeichen }
  ( VAR from : StrRef  { vom String from,          }
  ) : char;            { das kein Leerzeichen ist. }
BEGIN
  WHILE NextCh( from ) = ' ' DO
    NextChar := GetCh( from );
  NextChar := NextCh( from )
END; { NextChar }

FUNCTION Term
  ( VAR from : StrRef
  ) : integer;
VAR t : integer;

FUNCTION Faktor
  ( VAR from : StrRef
  ) : integer;
VAR ch : char;
BEGIN
  IF NextChar( from ) IN [ '0'..'9' ] THEN
    Faktor := StrToInt( from )
  ELSE IF NextCh( from ) IN [ '+', '-' ] THEN
    Faktor := 0 { monadischer Operator ! }
  ELSE IF GetCh( from ) = '(' THEN BEGIN
    Faktor := Expression( from );
    IF NextChar( from ) = ')' THEN
      ch := GetCh( from )
    ELSE
      writeln( 'fehlende Klammer' )
  END ELSE
    Faktor := 0
END; { Faktor }

BEGIN { Term }
  t := Faktor( from );
  WHILE NextChar( from ) IN [ '*', '/', '%' ] DO
    CASE GetCh( from ) OF
```

```
        '*': t := t * Faktor( from );
        '/': t := t DIV Faktor( from );
        '%': t := t MOD Faktor( from )
      END; { case }
    Term := t
  END; { Term }

  BEGIN { Expression }
    e := Term( from );
    WHILE NextChar( from ) IN [ '+', '-' ] DO
      CASE GetCh( from ) OF
        '+': e := e + Term( from );
        '-': e := e - Term( from )
      END; { case }
    Expression := e
  END; { Expression }
```

Mit diesem Kommando lassen sich auch kompliziertere Rechnungen ausführen, wie etwa

```
\Expr(((LINELEN+1)/BUFLEN)*BUFLEN)
```

Man beachte, daß '/' der ganzzahligen Division DIV entspricht und '%' dem MOD Operator.

Um EOS (=chr(1)) und OrdAa (=ord('A')-ord('a')) nun wirklich als Konstanten schreiben zu können,brauchen wir die folgenden Kommandos:

\Chr(1) liefert das entsprechende Zeichen chr(1) und

\Ord(A) liefert den Integer-String von ord('A') .

Die Definition von EOS und ORDAa lautet damit

```
\Define(EOS,\Chr(1))
\Define(ORDAa,\Expr(\Ord(A)-\Ord(a)))
```

Ihre Realisierung in Exec ist besonders einfach:

```
...
ELSE IF NextCh( from ) IN [ 'C', 'c' ] THEN BEGIN { Chr }
  CopyArg( 1, args, key );
  WriteCh( ToStr, chr( StrToInt( key )))
END { CHR }
ELSE IF NextCh( from ) IN [ 'O', 'o' ] THEN BEGIN { Ord }
  CopyArg( 1, args, key );
  IntToStr( Ord( NextCh(key)), ToStr )
END { Ord }
ELSE ...
```

14.4 Das Einfügen von Dateien oder Moduln

In diesem Abschnitt behandeln wir die folgenden beiden Kommandos:

```
\Include(StrUtils)
\Modul(StrModul)
```

Zunächst das "Include". Wenn dieses Kommando angetroffen wird, soll das Argument als Dateiname interpretiert werden und die Eingabe von dieser Datei fortgesetzt werden, die Ausgabedatei soll jedoch dieselbe bleiben. Die ursprüngliche Datei, in der das

```
\include(StrUtils)
```

stand, darf aber nicht geschlossen werden, weil dann die Position innerhalb dieser Datei verlorengeht.

Andererseits ist im Voraus nicht bekannt, wieviele \Include-Befehle ineinandergeschachtelt auftreten werden. Folglich muß der Präprozessor rekursiv aufgerufen werden. Diese Rekursion ist in der Aufrufkette Preprocess, Eval, Exec, Preprocess, ... versteckt.

Beispiel 14.6a:

```
PROCEDURE PreProcess; { Praeprozessieren }
  ( VAR InDat          { von InDat       }
  , OutDat : Text      { nach OutDat     }
  );
VAR InBuf, OutBuf : StrRef;
BEGIN
  MakeBuf( InBuf );
  MakeBuf( OutBuf );
  WHILE ReadLine( InDat, InBuf ) DO BEGIN
    EvalStr( InBuf, OutBuf );
    WriteLine( OutDat, OutBuf );
    RewriteStr( OutBuf )
  END;
  FreeBuf( OutBuf );
  FreeBuf( InBuf )
END;
```

Es wird also zeilenweise die Funktion EvalStr aufgerufen. Wie wir auf Seite 195 gesehen haben, ruft EvalStr sich selbst und die Routine Exec auf. Diese hat folgende Struktur:

Beispiel 14.6b:

```
PROCEDURE Exec ;             { Fuehre ein Kommando aus,  }
  ( from : StrRef            { wie in from angegeben,    }
  ; VAR args : StrRef        { mit den Argumenten args   }
  ; VAR ToStr : StrRef       { und schreibe das Ergebnis }
  );                         { nach ToStr.               }
VAR Item : ItemTyp;
    IncludeDat : Text;
    i, len : integer;
    AssStr : Str60Typ;
BEGIN
  WITH Item DO BEGIN
    MakeBuf( key ); MakeBuf( inf );
    IF NextCh( from ) IN [ 'D', 'd' ] THEN BEGIN { Define }
      CopyArg( 1, args, key );
      CopyArg( 2, args, inf );
      Insert( Item, Defs )
    END { Define }
    ELSE IF . . .
           { Hier folgen dann all die anderen Befehle }

    ELSE IF NextCh( from ) IN [ 'I', 'i' ] THEN BEGIN
      { Include }
      CopyArg( 1, args, key );
      IF Assignread( IncludeDat, key ) THEN BEGIN
        WriteLine( OutDat, ToStr );
        RewriteStr( ToStr );
        Preprocess( IncludeDat, OutDat );
        CloseFile( IncludeDat )
      END
    ELSE ...
    SkipArgs( args )
  END { with }
END; { Exec }
```

Wie man sieht, ruft Exec auch wieder EvalStr auf und für das \Include auch noch Preprocess. Wie definiert man in Pascal Routinen, die sich gegenseitig aufrufen, wie das bei Preprocess, EvalStr und Exec der Fall ist?

Wenn die erste vereinbart wird, sind die anderen beiden noch nicht bekannt. Daher kann der Übersetzer dann auch gar nicht überprüfen, ob es die erwähnte Routine mit den angegebenen Argumenten auch gibt.

Eine solche nachträgliche Überprüfung kann nur stattfinden, wenn der Übersetzer mehrfach den Programmtext durchgeht (Mehr-Pass-Compiler). Die

Schnelligkeit von Pascal rührt zum Teil daher, daß die Sprache so konzipiert ist, daß ein Durchlauf genügt (wie in TURBO-Pascal).

Unser Dilemma der sich gegenseitig aufrufenden Routinen wird in Pascal mit Hilfe der FORWARD-Direktive gelöst. Für die verwendeten Routinen notiert man *zunächst nur* die Routinenköpfe und schreibt FORWARD anstelle des Routinenblocks. Wenn die Routinen dann später wirklich vereinbart werden, muß man die formalen Parameter *fortlassen*:

Beispiel 14.6c:

Vor der Routine Preprocess wird vereinbart:

```
PROCEDURE Exec            { Fuehre ein Kommando aus,  }
  ( from : StrRef         { wie in from angegeben,    }
  ; VAR args : StrRef     { mit den Argumenten args   }
  ; VAR ToStr : StrRef    { und schreibe das Ergebnis }
  );                      { nach ToStr.               }
FORWARD;

PROCEDURE EvalStr       { Evaluiere                 }
  ( from : StrRef       { den from-String           }
  ; VAR tow : StrRef    { in args und schreibe      }
  );                    { ihn nach tow              }
FORWARD;
```

Hier folgt Preprocess und anschließend mit "herauskommentierten" Parametern:

```
PROCEDURE EvalStr ;       { Evaluiere                 }
  {( from : StrRef     } { den from-String           }
  {; VAR tow : StrRef } { in args und schreibe      }
  {);                  } { ihn nach tow              }
VAR Item : ItemTyp;
BEGIN
  ... { siehe 14.4 }
END; { EvalStr }

PROCEDURE Exec ;           { Fuehre ein Kommando aus   }
  {( from : StrRef       } { wie in from angegeben     }
  {; VAR args : StrRef } { mit den Argumenten args   }
  {; VAR ToStr : StrRef} { und schreibe das Ergebnis }
  {);                    } { nach ToStr                }
VAR Item : ItemTyp;
    IncludeDat : Text;
    i, len : integer;
```

```
    AssStr : Str60Typ;
BEGIN
  ... { siehe 14.6b }
END; { Exec }
```

Der Modul-Befehl ist schwieriger zu realisieren als der Include-Befehl. Um zu analysieren, was der Präprozessor zu leisten hat, wollen wir uns noch einmal Lösung 10.4 vor Augen führen:

```
PROGRAM DictTest( Input, Output );
\Modul(Str)
\Include(StrUtil.i)
\Modul(Item)
\Modul(Dict)
\Include(Dictionary)
BEGIN
  InitStrings;
  InitItems;
  Dictionary( Input, Output )
END\.
```

Der Präprozessor soll daraus folgendes (Standard-) Pascal-Programm erzeugen (in dem die \Include's natürlich schon "aufgelöst" sind):

```
PROGRAM DictTest( Input, Output );

PROCEDURE ModulStr;
\Include(Str)
\Include(StrUtil.i)

PROCEDURE ModulItem;
\Include(Item)

PROCEDURE ModulDict;
\Include(Dict)
\Include(Dictionary)

BEGIN
  InitStrings;
  InitItems;
  Dictionary( Input, Output )
END;
BEGIN ModulDict END;
BEGIN ModulItem END;
BEGIN ModulStr END.
```

Jeder Modulaufruf wird also ersetzt durch

```
PROCEDURE Modul<Name> ;
\Include(<Name>)
```

und wenn ganz am Ende das '\.' gefunden ist, wird für jedes Modul

- ein ';' gefolgt von einem Zeilenvorschub und die Zeile
- BEGIN Modul<Name> END

ausgegeben. Ganz am Ende folgt ein '.'.

Um die Umformung realisieren zu können, wird offensichtlich ein Keller für die Modulnamen gebraucht. Die gewünschten Zeilen zu erzeugen, ist nicht schwer. Nachdem das Schlüsselwort '\Modul' erkannt ist, möge **args** das Argument des Kommandos enthalten, also z.B. '(Str)'. Beim Initialisieren des Makromoduls werden vier Strings vorbesetzt, nämlich

```
UseProc  := 'PROCEDURE Makro\1;';
UseEnd   := ';\NewLine';
UseCall  := 'BEGIN Makro\1 END' );
Errincl  := '** IncludeDatei \1 nicht gefunden **';
```

Um damit die Modul-Kopfzeile zu erzeugen, genügt

```
IncludeArgs( UseProc, args, ToStr )
```

und für die Aufrufzeile am Ende

```
EvalStr( UseEnd, ToSTr );
IncludeArgs( UseCall, args, ToStr );
```

Das Kommando \Newline schreibt dabei ein Zeilenvorschub-Zeichen nach ToStr. Es bleibt die Aufgabe, den Keller mit den Modulnamen zu verwalten. Hier ist der entsprechende Teil von Exec

Lösung 14.6d:

```
...
ELSE IF NextCh( from ) IN [ 'M', 'm' ] THEN BEGIN { Modul }
  TopMod := TopMod + 1;
  MakeBuf( ModName[ TopMod ] );
  CopyArg( 1, args, key );
  CopyStr( args, ModName[ TopMod ] );
  ResetStr( ModName[ TopMod ] );
  IncludeArgs( UseProc, ModName[ TopMod ], ToStr );
  IF Assignread( IncludeDat, key ) THEN BEGIN
    WriteLine( OutDat, ToStr );
```

```
        RewriteStr( ToStr );
        Preprocess( IncludeDat, OutDat );
        CloseFile( IncludeDat )
      END
      ELSE BEGIN
        WriteCh( ToStr, '{' );
        IncludeArgs( ErrIncl, args, ToStr );
        WriteCh( ToStr, '}' )
      END
    END { Modul }
    ELSE IF NextCh( from ) = '.' THEN BEGIN { Program End }
      WHILE TopMod > 0 DO BEGIN { Pops ! }
        ResetStr( ModName[ TopMod ] );
        EvalStr( UseEnd, ToStr );
        IncludeArgs( UseCall, ModName[ TopMod ], ToStr );
        FreeBuf( ModName[ TopMod ] );
        TopMod := TopMod - 1
      END;
      WriteCh( ToStr, '.' )
    END { Program End }
    ELSE ...
```

14.5 Weitere Kommandos

Die wichtigsten Präprozessorkommandos sind damit beschrieben, aber dem weiteren Ausbau sind keine Grenzen gesetzt.

1. Die Zuweisung von Zeichenketten

Das Kommando

```
\AssignStr(<Strname>,'Zeichenkette')
```

wird vom Präprozessor auf das schon bekannte

```
AssignStr60(<StrName>, Laenge der Zeichenkette,
  'Zeichenkette                  ' )
```

zurückgeführt, wobei *diese* Zeichenkette auf 60 Zeichen verlängert ist. Hier das entsprechende Programmstück in Exec:

```
...
```

Beispiel 14.7:

```
ELSE IF NextCh( from ) IN [ 'A', 'a' ] THEN BEGIN { AssignStr
}
  CopyArg( 2, args, key );
  EvalStr( key, NullStr, inf );
  ResetStr( inf );
  len := length( inf );
  IF len > 60 THEN len := 60;
  CopyStr( AssStr, ToStr );
  CopyArg( 1, args, ToStr );
  WriteCh( ToStr, ',' );
  IntToStr( len - 2, ToStr );
  WriteCh( ToStr, ',' );
  WriteCh( ToStr, chr( NewLineOrd ));
  WriteCh( ToStr, '''' );
  FOR i := 2 TO len-1 DO
    WriteCh( ToStr, GetCh( inf ));
  FOR i := len TO 60 DO
    WriteCh( ToStr, ' ' );
  WriteCh( ToStr, '''' );
  WriteCh( ToStr, ')' );
END { AssignStr }
ELSE ...
```

2. Die Veränderung der Argumentbegrenzer

Wie in Abschnitt 14.1 auf Seite 192 erwähnt, lassen sich LeftBracket, RightBracket und Separator durch

```
\Set(LeftBracket,[)
\Set[RightBracket,])
\Set[Separator,|]
```

modifizieren, so daß ein Define-Kommando *danach* so aussieht:

```
\Define[EOS|chr(1)]
```

Hier das entsprechende Programmstück in Exec:

```
...
ELSE IF NextCh( from ) IN [ 'S', 's' ] THEN BEGIN { Set }
  CopyArg( 1, args, key );
  CopyArg( 2, args, inf );
  CASE NextCh( key ) OF
    'L','l': LeftBracket := NextCh( inf );
    'R','r': RightBracket := NextCh( inf );
    'S','s': Separator := NextCh( inf )
```

```
   END { case }
  END { set }
  ELSE ...
```

3. Konditionales Einfügen

Mit dem Kommando

```
\Question(Debug,writeln(traps))
```

lassen sich z.B. leicht Debug-Zeilen einfügen bzw. herausnehmen.

Debugging ist ein englisches Wort für "Fehler suchen", Wörtlich übersetzt bedeutet es entlausen und Debug-Zeilen enthalten meist zusätzliche Ausgabezeilen, die helfen sollen, die Fehler im Programmtext einzugrenzen, die aber aus dem endgültigen Programm wieder herausgenommen werden sollen.

Das zweite Argument von `\Question` wird *nur dann evaluiert*, wenn das erste *definiert* und verschieden vom Nulltring ist. Diese zweite Bedingung ist nötig, weil man "Schalter" wie Debug auch zurücksetzen möchte. Hier die Realisierung

Beispiel 14.8

```
...
ELSE IF NextCh( from ) IN [ 'Q', 'q' ] THEN BEGIN
  { Question }
  CopyArg( 1, args, key );
  IF Search( Item, Defs ) THEN
    IF NextCh( inf ) <> EOS THEN BEGIN
      RewriteStr( inf );
      CopyArg( 2, args, inf );
      EvalStr( inf, ToStr )
    END { if-then }
END { Question }
ELSE ...
```

4. Unveränderte Texte

Manchmal möchte man, daß der Präprozessor manche Wörter oder Zeichen *nicht* als Makros auffaßt. Dabei hilft

```
\Verbatim(Argument).
```

Das Argument von `\Verbatim` wird nicht evaluiert, sonder unverändert "durchgereicht". Anstelle von `\Verbatim(\)` kann man auch `'\\'` schreiben. Hier die (besonders einfache) Realisierung:

```
...
ELSE IF NextCh( from ) IN [ 'V', 'v' ] THEN { Verbatim }
  CopyArg( 1, args, ToStr )
ELSE IF NextCh( from ) = ESC THEN BEGIN { Escape }
  WriteCh( ToStr, ESC )
END { Escape }
ELSE ...
```

5. String-Funktionen

Ganz zum Abschluß noch drei Kommandos, die es erlauben, String-Funktionen mit dem Präprozessor zu "programmieren". Sie ähneln den Lisp-Funktionen CAR und CDR.

```
\Head(Zeichenkette)
```

liefert die das erste Zeichen ab, also das 'Z'.

```
\Tail(Zeichenkette)
```

liefert alle bis auf das erste Zeichen, also 'eichenkette'.

```
\Replace(<Makroname>,Zeichenkette)
```

ist schließlich ein Kommando, das dem \Define stark verwandt ist. Im Gegensatz zu diesem wird die Zeichenkette *zuerst* evaluiert und *dann* dem <Makroname>n zugewiesen — also eher wie man es in einer Programmiersprache gewohnt ist:

Beispiel 14.9:

```
...
ELSE IF NextCh( from ) IN [ 'H', 'h' ] THEN BEGIN { Head }
  CopyArg( 1, args, key );
  EvalStr( key, inf );
  ResetStr( inf );
  IF NextCh( inf ) <> EOS THEN
      WriteCh ( ToStR, GetCh( inf ) )
END { Head }
ELSE IF NextCh( from ) IN [ 'T', 't' ] THEN BEGIN { Tail }
  CopyArg( 1, args, key );
  EvalStr( key, inf );
  ResetStr( inf );
  IF getCh( inf ) <> EOS THEN
    WHILE NextCh( inf ) <> EOS DO
      WriteCh ( ToStr, GetCh( inf ) )
```

```
    END { Tail }
  ELSE IF NextCh( from ) IN [ 'R', 'r' ] THEN BEGIN
    { Replace }
    CopyArg( 2, args, key );
    EvalStr( key, inf );
    RewriteStr( key );
    CopyArg( 1, args, key );
    Insert( Item, Defs )
  END { Replace }
  ELSE ...
```

Mit diesen drei Kommandos lassen sich "schöne" rekursive Makros definieren. Z.B. ein Makro, das die *Länge des Arguments* errechnet:

```
\d(ADD,\q(ARG,\r(ARG,\t(ARG))+1 ADD))
\d(LEN,\d(ARG,\1)\e(0 ADD))
LEN(einem ganz langen Satz)
```

Das Ergebnis lautet wie erwartet 22.

14.6 Nachwort

Der Präprozessor ist ein recht langes Programm geworden: es sind nicht weniger als 1240 Zeilen. Dementsprechend lang sind auch die Ausführungszeiten: um sich selbst zu erzeugen, d.h. um die entsprechenden `\Macro` bzw. `\Include`-Befehle auszuführen, braucht die Präprozessorversion mit Binärbäumen und den Zeichenlisten ganze 96 CPU-Sekunden auf einem QU68050 der Firma PCS, einem Unixrechner mit einem 68010 Mikroprozessor.

Etwas besser wird es, wenn man die Zeichenlisten von Seite 148 gegen die Stringkacheln von Seite 153 austauscht: es werden 81 Sekunden Rechenzeit verbraucht.

Wie läßt sich `Macro` noch schneller machen? Die beste Lösung besteht darin, ein *Profil* des Programms anzufertigen, d.h. eine Übersicht, aus der hervorgeht, in welchen Routinen des Programms wieviel Zeit verbraucht wird. Dann kann man nämlich gezielt Verbesserungen vornehmen. Leider stand uns ein solches Hilfsmittel nicht zur Verfügung und wir waren auf Vermutungen angewiesen.

Unsere Arbeitshypothese lautete, daß ein großer Teil unnötigen Aufwands in den String-Hilfsprogrammen verbraucht wird, siehe Abschnitt 9.6. Für diese Routinen gibt es eine sehr einfache Möglichkeit, ihre Effizienz zu verbessern: Man ersetze alle Aufrufe von `GetCh`, `WriteCh` und `NextCh` durch den entsprechenden Kode aus den Stringkacheln. Dabei kann man auf eine ganze Reihe von Abfragen verzichten. Nachdem die Routinen `ReadLine`, `WriteStr`, `WriteLine` und `CompStr` so überarbeitet waren, reduzierte sich die Rechenzeit auf 70 Sekunden — das war eine geringere Verbesserung als erwartet.

Die entsprechende Überarbeitung von CopyToken reduzierte die Zeit auf 63 Sekunden. Aber erst die Prozedur CopyStr, siehe Seite 159, brachte den "Durchbruch": die Rechenzeit betrug danach nur noch 43 Sekunden — insgesamt also fast eine Halbierung der Rechenzeit.

Da fast die Hälfte der Verbesserung dadurch zustande kam, folgt die "beschleunigte" CopyStr-Version:

```
PROCEDURE CopyStr          { kopiere                    }
  ( fromStr : StrRef       { den String InStr           }
  ; toStr : StrRef);       { hinten an den String OutStr }
VAR ch : char;
    s  : StrRef;
  fromdel, todel : 0 .. BoxLen1;
BEGIN
  fromdel := fromStr MOD BoxLen;
  fromstr := fromStr - fromdel;
  todel   := toStr MOD BoxLen;
  toStr   := toStr - todel;
  WHILE zzCh[ toStr + todel ] <> EOS DO
    IF todel < BoxLen1 THEN
      todel := todel + 1
    ELSE BEGIN
      toStr := zzNext[ toStr DIV BoxLen ]*BoxLen;
      todel := 0;
    END;
  REPEAT
    ch := zzCh[ fromStr + fromdel];
    IF ch <> EOS THEN BEGIN
      zzCh[ toStr + todel ] := ch;
      IF fromdel < BoxLen1 THEN
        fromdel := fromdel + 1
      ELSE BEGIN
        fromStr := zzNext[ fromStr DIV BoxLen ]*BoxLen;
        fromdel := 0;
      END;
      IF todel < BoxLen1 THEN
        todel := todel + 1
      ELSE IF zzFree <> MaxBox THEN BEGIN
        toStr := toStr DIV BoxLen;
        s := zzNext[ toStr ];
        zzNext[ toStr ] := zzFree;
        zzFree := zzNext[ zzFree ];
        toStr := zzNext[ toStr ];
        zzNext[ toStr ] := s;
```

```
        toStr := toStr * BoxLen;
        todel := 0;
      END
      ELSE BEGIN
        writeln( ' *** Overflow *** ' );
        stringerr := 1;
        zzCh[s+todel] := EOS
      END;
    END
  UNTIL ch = EOS;
END; { CopyStr }
```

Bibliographie

[Joepgen85] Joepgen,H.: Turbo-Pascal, das Kompendium für die Programmierpraxis; Hanser,1985.

[Doberkat85] Doberkat,E.;P.Rath,W.Rupichta: Programmieren in PASCAL: Grundbegriffe und Methoden. AULA-Verlag,2.Aufl.1985.

[Grogono78] Grogono,P. Programming in Pascal. Addison-Wesley, 1987.

[Kern81] Kernighan,B.W und P.J.Plauger: Software Tools in Pascal, Addison-Wesley, 1981.

[Heimsoeth85] Heimsoeth Software (Herausgeber) Turbo Pascal Version 3.0, April 1985.

[IBM81] IBM: PC Language Series: Pascal Compiler by Microsoft; IBM Deutschland,1981.

[Knuth73] Knuth, D.E.: Sorting and Searching, The Art of Computer Programming Vol.3, Addison-Wesley, 1973.

[Shell59] Shell, D.L.: A High-Speed Sorting Procedure; C.ACM, 2(7):30-32; 1959.

[Hoare62] Hoare, C.A.R.: Quicksort; Computer Journal, 5(4):10-15; 1962.

[Gonnet84] Gonnet, G.H.: Handbook of Algorithms and Data Structures; Addison-Wesley, 1984.

[Wirth75] Wirth, N.: Algorithmen und Datenstrukturen; Teubner; 1975.

[Kern81] Kernighan,B.: Why Pascal is Not My Favourite Programming Language. Computer Science Report No.100, Bell Laboratories, 1981.

[Jensen85] Jensen,K; N.Wirth, A.B.Michel, J.F.Miner: User Manual and Report. Springer Verlag 1974 und revidiert für den ISO-Standard 1985.

[Knuth84] Knuth, D.E.: The TEXbook. Addison-Wesley, Reading, Massachusets, 1984.

[Lamport86] Lamport, L.: LATEX A Document Preparation System. Addison-Wesley, Reading, Massachusets, 1986.

Warenzeichen

Dieses Buch enthält einige Namen, die sich Firmen reserviert haben. Dieses sind die Namen

IBM International Business Mashines Corporation

Microsoft, *MS*, *MS-DOS*,**Microsoft**-*Pascal* Microsoft Corporation

CP/M Digital Research

TURBO-*Pascal* Borland International

UCSD-*Pascal* Softech Microsystems

UNIX Bell Laboratories

Anhang L

Lösungen zu ausgewählten Aufgaben

Aufgabe 1.1:

`sqr( maxint )` ist als ganze Zahl nicht mehr darstellbar.

`4/2` liefert immer `real`, gefordert ist aber ein `integer` und der Typ wird *nicht* automatisch angepaßt;

`3 MOD j` liefert einen Fehler für negatives `j` (so jedenfalls definiert es der ISO-Standard — der alte Report ließ hier als Ergebnis den Rest der ganzzahligen Division zu!);

`sqrt( sin(1))` ist fehlerhaft, da `sin(1)` ein negatives Ergebnis liefert;

`2r` hier fehlt das Multiplikationszeichen.

Aufgabe 2.2:

```
PROGRAM WordCount( input, output );
VAR nchars, nwords, nlines : integer;
    ch : char;
    wasblank : boolean;
BEGIN
  nchars := 0;
  nwords := 0;
  nlines := 0;
  wasblank := true;
  WHILE NOT eof DO BEGIN
    WHILE NOT eoln DO BEGIN
```

```
      read( ch );
      nchars := nchars + 1;
      IF wasblank AND ( ch <> ' ' ) THEN
        nwords := nwords + 1;
      wasblank := ( ch = ' ' )
    END;
    readln;
    nlines := nlines + 1;
    wasblank := true
  END;
  writeln( 'Anzahl der Zeichen : ', nchars );
  writeln( 'Anzahl der Worte   : ', nwords );
  writeln( 'Anzahl der Zeilen  : ', nlines )
END.
```

Aufgabe 5.1

```
PROGRAM LebensSpiel( Input, Output );
CONST
  Size = 15;
TYPE
  Index = 1..Size;
  Brett = ARRAY[ Index, Index ] OF char;
VAR
  Alt, Neu : Brett;

  Generation,
  Ziel      : integer;
  iststabil : boolean;

PROCEDURE AusDruck; { Des neuen Bretts }
VAR i, j : Index;
BEGIN
  writeln;
  writeln( 'Generation: ':20,Generation:3 );
  FOR i := 1 to Size DO BEGIN
    write( ' ':10 );
    FOR j := 1 to Size DO
      write( Neu[ i, j ] );
    writeln
  END { for }
END; { Ausdruck }

PROCEDURE Einlesen; { der null-ten Generation }
```

```
VAR i, j : Index;
BEGIN
  writeln(' Bitte Ausgangsposition zeichenweise eingeben');
  FOR i := 1 to Size DO BEGIN
    write( ' ':10 );
    FOR j := 1 to Size DO BEGIN
      IF ( i=1 ) OR ( j=1 ) OR ( i=Size ) OR ( j=Size ) THEN
        Neu[ i, j ] := ' '
      ELSE
        read( Neu[ i, j ] );
      write( Neu[ i, j ] )
    END; { for }
    writeln
  END { for }
END; { Einlesen }

PROCEDURE GenWechsel; { Generationswechsel }
VAR i, j, ii, jj : Index;
    Anz : integer; { der Nachbarn einschliesslich der eigenen
Zelle }
    keinWechsel : integer; { Anzahl der nichtgeaenderten Zel-
len }
BEGIN
  Alt := Neu;
  keinWechsel := 0;
  FOR i := 2 TO Size-1 DO
    FOR j := 2 TO Size-1 DO BEGIN
      Anz := 0;
      FOR ii := i-1 TO i+1 DO
        FOR jj := j-1 TO j+1 DO
          IF Alt[ ii, jj ] = '*' THEN Anz := Anz + 1;
        IF ( Alt[ i, j ] = '*' ) AND ( Anz < 3 ) THEN
          Neu[ i, j ] := ' ' { Einsamkeit }
        ELSE IF ( Alt[ i, j ] = '*' ) AND ( Anz > 5 ) THEN
          Neu[ i, j ] := ' ' { Uebervoelkerung }
        ELSE IF ( Alt[ i, j ] = ' ' ) AND ( Anz = 3 ) THEN
          Neu[ i, j ] := '*' { Geburt }
        ELSE
          keinWechsel := keinWechsel + 1
    END; { for }
  iststabil := ( keinWechsel = (Size-2)*(Size-2))
END; { GenWechsel }

BEGIN { LebensSpiel }
```

```
  EinLesen;
  Generation := 0;
  REPEAT
    writeln(' Wieviel zusaetzliche Generationen ?');
    readln( Ziel );
    Ziel := Ziel + Generation;
    WHILE Generation < Ziel DO BEGIN
      GenWechsel;
      Generation := Generation + 1
    END; { while }
    Ausdruck
  UNTIL iststabil OR ( Ziel < Generation );
  IF iststabil THEN writeln(' ist stabil')
END.
```

Aufgabe 6.1: (Türme von Hanoi)

```
PROGRAM Hanoi( Input, Output );
VAR GesamtZahl : integer; { an Scheiben }

PROCEDURE bewege
      (  Zahl   { von Scheiben }
      ,  von    { Ausgangsstab }
      ,  nach   { Zielstab     }
      ,  ueber  { Hilfsstab    }
         : integer );
  PROCEDURE bewegeEinen;
  VAR i : integer;
  BEGIN
    write( ' ':( Gesamtzahl - Zahl + 1 ));
    FOR i := 1 TO Zahl DO write( '(' );
    write( Zahl:1 );
    FOR i := 1 TO Zahl DO write( ')' );
    writeln( ' ':(Gesamtzahl-Zahl + 1), von:3,
                                    '  -->', nach:3 )
  END; { BewegeEinen }

BEGIN { bewege }
  IF Zahl > 0 THEN BEGIN
    bewege( Zahl-1, von, ueber, nach );
    bewegeEinen;
    bewege( Zahl-1, ueber, nach, von )
  END { if }
END; { bewege }
```

```
BEGIN { Hanoi }
  readln( GesamtZahl );
  bewege( Gesamtzahl, 1, 2, 3 )
END.
```

Anhang S

Schwächen von (Standard-)Pascal

In einem vielbeachteten Report mit dem Titel "Warum Pascal nicht meine Lieblingsprogrammiersprache ist", siehe [Kern81], hat einer der Väter der Konkurrenzsprache C den Finger auf `Pascal`'s Wunden gelegt und folgende Schwächen diagnostiziert:

1. Felder haben *feste Längen.* Das macht das Arbeiten mit Strings sehr schwierig und allgemeine Matrixroutinen unmöglich.

2. Es gibt keine *statischen* Variablen innerhalb von Routinen, deren Wert bis zum nächsten Aufruf "überlebt". Statt dessen müssen globale Variable verwendet werden, deren Gültigkeitsbereich größer als nötig ist.

3. Die fehlende Möglichkeit zur *getrennten* Kompilation macht es schwer, große Programme zu entwickeln und Programmbibliotheken einzusetzen.

4. Die vorgeschriebene Reihenfolge der Vereinbarungen — Konstanten, Typen, Variable und Routinen — verhindert, daß zusammengehörige Vereinbarungen zusammen notiert werden können.

5. Die Reihenfolge, in der logische Ausdrücke ausgewertet werden, ist nicht festgelegt. Abfragen müssen daher häufig in zwei Abfragen aufgespalten werden.

6. Die `CASE`-Anweisung wird durch das Fehlen eines `OTHERWISE`-Falles zu einer gefährlichen Angelegenheit.

7. Die Ein-/Ausgabe-Möglichkeiten von `Pascal` sind sehr begrenzt. Es gibt keinen definierten Zugang zu den real existierenden Dateien.

8. Es gibt keine Möglichkeit, den Einschränkungen der Sprache zu entgehen. Die Typen der Parameter werden stets überprüft, und Ein-/Ausgabe-Routinen können nicht in **Pascal** selber geschrieben werden.

Einige Unklarheiten und kleinere Probleme werden mit dem ISO-Standard ausgeräumt, siehe Anhang E von [Jensen85]. Außerdem enthält der ISO-Standard der Stufe 1 (die meisten Übersetzer beziehen sich auf Stufe 0) eine Lösung von Problem 1: *konformante Felder.*

Aber die anderen Probleme bleiben bestehen. Sie sind in den verschiedenen Implementationen zum Teil recht unterschiedlich gelöst:

UCSD-Pascal:

zu (1): *keine* konformanten Felder, aber vordefinierte und typenkompatible Strings mit Längen zwischen 1 und 255.

zu (2): siehe (3)

zu (3): Modularisierung über sogenannte *unit*'s wird unterstützt und implizit damit auch statische Variable.

zu (4): --

zu (5): --

zu (6): *kein* `OTHERWISE`, aber auch kein Fehlerfall, wenn ein nicht vorgesehener Fall eintritt: es wird mit der nächsten Anweisung fortgefahren.

zu (7): erweiterte Ein-/Ausgabe (interaktive und random I/O); erweitertes **reset** und **rewrite** zum Anschluß real existierender Dateien.

zu (8): —

UCSD-**Pascal** stellt eine *komplette Programmierumgebung* für **Pascal** dar und hat **Pascals** Erfolg auf dem Bereich der Mikrocomputer überhaupt erst ermöglicht. Da der erzeugte (Zwischen-)Code interpretiert wird, sind die Ausführungszeiten gegenüber TURBO- und **Microsoft-Pascal** häufig viel länger.

TURBO-Pascal (3.0)

zu (1): Es gibt *keine* konformanten Felder. Die vordefinierten Strings mit Maximallängen zwischen 1 und 255 sind allerdings untereinander kompatibel.

zu (2): —

zu (3): nicht vorhanden, denn separate Kompilation widerspricht der Philosophie von TURBO-**Pascal**, nur Quellbibliotheken zu verwalten.

zu (4): die feste Reihenfolge ist aufgehoben.

zu (5): zwar wird von links nach rechts ausgewertet, aber in

```
IF ( i < MaxIndex ) AND ( a[i] > 0 ) THEN ...
```

ist *nicht* sichergestellt, daß `a[i]` für den (nicht existierenden) Index `i=MaxIndex+1` nicht ausgewertet wird.

zu (6): Die `CASE`-Anweisung erkennt einen `ELSE`-Fall.

zu (7): erweiterte Ein-/Ausgabe-Routinen (random access); erweitertes `Assign` und `Close` zum Anbinden realer Dateien; Zugang zum Betriebssystem, `MS-DOS` oder `CP/M`.

zu (8): Die Typüberprüfung kann abgeschaltet werden und es gibt nicht-typisierte Variablenparameter. Aufruf und Einbinden von Assemblerroutinen ist möglich.

TURBO-`Pascal` übersetzt sehr schnell, erzeugt effizienten Code und hat ein ausgezeichnetes Preis/Leistungsverhältnis.

Microsoft Pascal (IBM Pascal)

zu (1): `SuperArrays` lösen das Problem — sind aber eine andere Lösung als konformante Felder. LStrings entsprechen den Strings aus UCSD- und TURBO-`Pascal`.

zu (2): `Static Variable` sind möglich. Sie werden *nicht* auf dem Stack verwaltet und überleben daher Aufrufe.

zu (3): getrennte Kompilation ist möglich und *Modularisierung* wird unterstützt.

zu (4): die feste Reihenfolge ist aufgehoben.

zu (5): --

zu (6): ein `OTHERWISE`-Fall ist vorgesehen.

zu (7): stark erweiterte Ein-/Ausgabe-Routinen und erweitertes `Assign` und `Close` zum Anbinden realer Dateien.

zu (8): Strukturell kompatible Typen werden erkannt und Assembler-Routinen können eingebunden werden.

Microsoft-`Pascal` ist wohl die leistungsfähigste Implementation für Micro-Computer. Allerdings hat der Umfang auch seinen Preis: die Übersetzungszeiten sind erheblich länger als in TURBO-`Pascal`. Für größere Programmierprojekte sollte man aber wegen der Modularisierungsmöglichkeiten diese Sprache verwenden.

Index

2 – 3-Bäume 140

A

abs(x) 10
abstrakter Datentyp 102
Additionsoperatoren 9
Anweisung, leere 17
Apostroph 6
arctan(x) 10
ASCII 7
    Zeichensatz 7
    Tabelle 7
AssignReset 171
AssignRewrite 171
AssignStr 205
AssignStr60 161
Ausdruck
    arithmetischer 8
    logischer 21
arithmetische Standardfunktionen 10
Aufzähltyp 53
Ausdrücke, einfache 20

B

B-Bäume 140
Backtrack-Algorithmus 79
Bezeichner 3
    Standard 4
    reservierte 4
    Selbstdefinierte 4
Binärbaum 136, 139
Binärbaum, balancierter 142
Binärbaum-Wörterbuch 137
Binärsuche 124, 135
Block 11, 12
boolean 2
    Werte 7
Buffer 112

C

char 2, 6
    Variablen 6
\Center 176
chr(c) 21
\Chr 199
Close 170, 171
CompStr 115
CopyArg 193
CopyStr 159
CopyToken 163
CopyWord 181
cos(x) 10
Cross-Referenz 103
CrossRef 168

D

\Define 104, 191
Dezimaldarstellung 28
Dict-Modul
    Definition 108
    Implementation 124, 133, 137, 143
Dictionary 109
DictTest 109
Differenzmenge 101
Disketten iii

DIV 9
dynamische Variable 131

E
Effizienz 30
Ein-/Ausgabe 24
End-Of-Line 18
eof(f) 18
EOL 18
eoln(f) 18
EvalStr 202
Exec 201, 202
exp(x) 10
\Expr 197
Expression 198

F
Faktoren 20, 44
    arithmetische 8
    logische 21
Festpunktformat 29
\Fill 176
Flush 182
FOR-Schleife 63
Format 170
Format
    geschachtelte IF-Anweisung 34
    IF-Anweisung 33
    Verbundanweisung 33
    Verbund-IF-Anweisung 35
    Verbund-WHILE-Schleife 35
    WHILE-Schleife 33
Funktionen
    einfache 72
    Vereinbarung 85
Funktionsparameter 87
FreeBuf 114, 120, 150, 156
Freispeicherverwaltung 152

G
GetCh 114, 121, 149, 154
globale Variable 73
GOTO-Anweisung 30, 36
Gültigkeitsbereich 73

H
\Head 208

I
Identifier 3
indizierte Variable 56
IF-Anweisung 16
\Include 104, 200
IncludeArgs 196
InitItem 106, 122, 166
InitStrings 114, 118, 148, 154
input 19
Insert 109, 125, 134, 138, 144
InsertionSort 91
integer 2
    Zahlen 5
IntToStr 159
Item-Modul
    Definition 106
    Implementation 122, 166

J
\Justify 176

K
Kachel 151
Kachel, optimal 157
Kardinal-Zahl 5
Kommentare 23
konformante Felder 87
Konstanten 4, 49
Konstantenvereinbarung 50

L
Lagerhaltung 122, 127
Lagerhaltungskartei 103
Length 158
lexikalischen Analyse 162
LineFormatter 177
ListAll 109, 126, 134, 138, 145
Listen 131

Listen-Wörterbuch 132
ln(x) 10
lokale Variable 73

M

MakeBuf 114, 119, 150, 155
MakeDict 124, 133, 137, 144
MakeItem 106, 122, 166
MakeStr 114, 119, 150, 156
Marken 36
markierte Anweisung 37
maxint 5
MergeFiles 37, 38, 39, 41
MOD 9
\Modul 127, 200
Modul-Ebenen 105
Modularisierung 102
Multiplikationsoperatoren 9

N

NextCh 114, 121, 149, 154
new 129
NIL 131
\Nofill 176

O

ord(x) 21, 53
\Ord 199
OTHERWISE-Fall 71
output 19
Overhead 151

P

PagePrint 169, 172
Parameter, formale 73, 85
parameterlose Prozeduren 41
Pascal-Programm 11
Pointer-Variable 129
portabel 170, 190
pred(x) 53
PreProcess 200
Pretty 170
PrettyPrint 186
ProcessCommand 179
Programmierstil 30
Programmkopf 11
PromptReset 170
PromptRewrite 170
Prozeduren
  parameterlose 41
  Vereinbarung 85
Prozedurparameter 87
Pseudocode 42

Q

\Question 207
QuickSort 93

R

read 24
ReadItem 106, 123, 166
ReadLine 158
readln 25
ReadWord 115
real-Zahl 6
Rechner 69
RECORD-Typen 95
REPEAT-Schleife 67
\Replace 208
reset 24
ResetStr 114, 120, 150, 155
rewrite 26
RewriteStr 114, 120, 150, 156
round 11

S

Schlüsselwort 105
Schnittmenge 101
Schnittstelle 102
Search 108, 125, 133, 137, 144
Seiteneffekt 75
Seitenumbruch 169
Seitenumbruch 174
Semikolon 17
Sentinel 39
Serienbriefe 104

\Set 192, 206
ShellSort 92
sin(x) 10
sqr(x) 10
sqrt(x) 10
Standard-Dateien 4
Standard-Datentypen 2
Standard-Funktionen 4
Standard-Prozeduren 4
Standard-Typen 4
Str-Modul
  Definition 113
  Implementation 118, 148, 153
string 7
Strings 60, 110
StrToInt 160
succ(x) 53
syntaktischen Analyse 162
Syntaxdiagramm 3

T
\Tail 208
TesteSchritt 79
TestItems 107
Token 162
Token-Typen 162
Top-Down-Design 42
Tools i
Transferfunktionen 10
trunc 11
Typvereinbarung 54

U
Unterbereichstyp 54
UpdateItem 107, 123, 168

V
Variable 2, 3
  dynamische 129
  globale 73
  indizierte 56
  logische 7
  lokale 73
  Pointer 131
Variablen-Vereibarung 12
\Verbatim 207
Verbundanweisung 12
  Format 33
Vereinbarung
  Konstanten 50
  Typen 54
  Variablen 12
Vereinbarungsteil 50
Vereinigungsmenge 101
Vergleiche 20
Vergleichsoperatoren 15
Vorzeichen 9

W
Wertzuweisung 8
WHILE-Schleife 16
WITH-Anweisung 97
Wort-Häufigkeit 103
write 26
WriteCh 114, 121, 149, 154
WriteItem 106, 123, 167
writeln 26
WriteStr 115
Wurzel 136

Z
Zahlenliste 132
Zeichen 6
Zeichenketten 6
Zeichensatz 7
Zeichenstatistik 58
Zeichenstatistik 64
zeichenweise Ein-/Ausgabe 18
Zeilenumbruch 169
Zuweisungsoperator 2